不器用でもできる

マニキュアで ネイルアート

Nail art

出井 朋佳

講談社

はじめに

北海道旭川市で「OZ ネイルサロン」を開いて12年になります。その間、サロンの経営をしながら、コンテストに出場し続けてきました。 国際大会で優勝できたのは、さまざまなご縁に導かれてのことでした。

最初のご縁は高校生のとき。手芸店の店員さんが、私の薬指の爪にお花を描いてくれました。その瞬間に私は魔法にかかったかのように、ネイルの魅力に取り憑かれました。 ネイルには気分をパッとあげる不思議な力があることにそのとき気がつきました。

私のネイルサロンの「OZ」とはオズの魔法使いが由来です。「サロンに来てくださるお客様の指先にネイルで魔法をかけて、毎日を幸せに過ごしていただきたい」という願いを込めて、名づけました。

この本では、普通のマニキュアと、文房具店や、100円ショップでも購入できる道具を使って、おしゃれで素敵なネイルアー

トをする方法をご紹介しています。 不器用な方でもできるように、難しいテクニックは一切ありません。 わかりやすいように動画でも手順を追えるようにしました。

ネイルアートはジェルだけではなく、コツさえつかめばマニキュアでも充分楽しめます。 どんなネイルの塗り方をすれば美しく仕上がるか、どんな色、デザインにすれば、手がきれいに見えるか。テクニックや知識を得ることで、誰でもネイルは上手に塗れるようになります。 でもそれよりも大事なのは、気分があがるネイルであること。

デザインや色の組み合わせに「正解」などなく 自由でよいと私は思います。 ただ、長年の経験から失敗しない確かな方法はご提案することができます。

ここにご紹介した中から、あなたを幸せに導く魔法のネイルがみつかりますように☆彡

出井 朋佳

contents

chapter 1
ネイルの基本

chapter 2
色使いのコツ

chapter 3
動画 QR コード付き
ネイルテクニック

chapter 4

幸運を呼ぶモチーフ

chapter 5

ネイルの豆知識 100

この本の使い方

この本に出てくるデザインの技法は、chapter 3ですべて動画でご紹介しています。

〖 chapter 2 色使いのコツ 〗

デザインの解説

詳しい技法の解説の掲載ページ

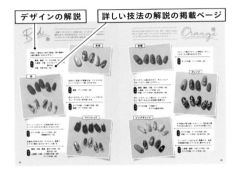

〖 chapter4 幸運を呼ぶモチーフ 〗

デザインの解説

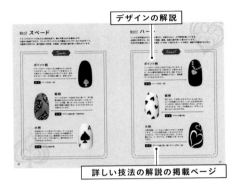

詳しい技法の解説の掲載ページ

〖 chapter 3 ネイルテクニック 〗

動画QRコード付き

デザインの紹介ページ

技法の解説のページ

デザインと技法の解説

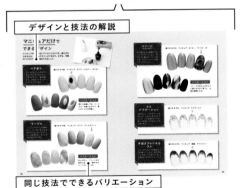

同じ技法でできるバリエーション

動画QRコード＆URL

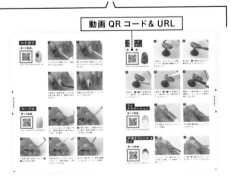

◆ 動画について

chapter 3のすべてのテクニックで「塗り方動画」がご覧いただけます。動画サイト(YouTube)に接続されます。
・スマートフォンをお持ちの方は、QRコードからご覧ください
・電子版をお読みの方は、URLをクリックしてご覧ください
・パソコンをご利用の方は、こちらのサイトからご覧ください　https://k-editorial.jp/mov/nail
動画サイトの都合により予告なく動画が終了・変更になる場合がございますので、予めご了承ください。

chapter 1

↓↓

ネイルの基本

・・・・・・・・・・・・・・・・・・・・・・・・・・・・・・・

手のこと、爪のこと、道具のこと

手のこと、爪のこと

指輪をはめる指に意味があるように、
どの指の爪にデザインを施すか、10本に違う意味があります。それぞれの意味を知るとネイルをするのが
もっと楽しくなります。叶えたい目的の指に、お気に入りのデザインをしてください。

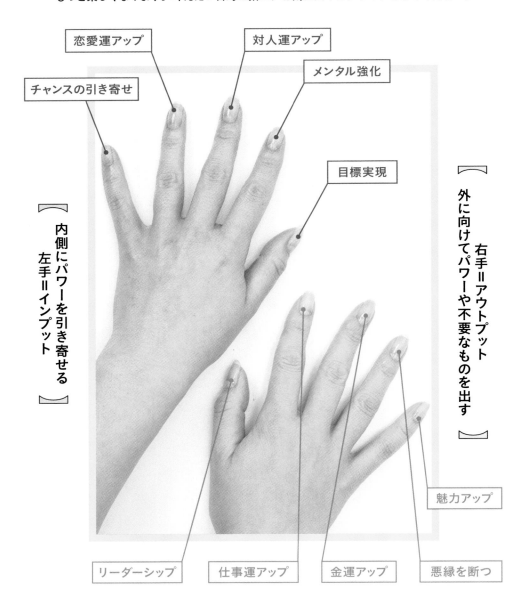

恋愛運アップ

対人運アップ

メンタル強化

チャンスの引き寄せ

目標実現

内側にパワーを引き寄せる 左手＝インプット

右手＝アウトプット 外に向けてパワーや不要なものを出す

魅力アップ

リーダーシップ

仕事運アップ

金運アップ

悪縁を断つ

この本はプロ向けの専門書ではありませんので、詳細は控えますが、
ネイルを楽しむために知っておくと役に立つ爪の基本的な名称をご紹介します。

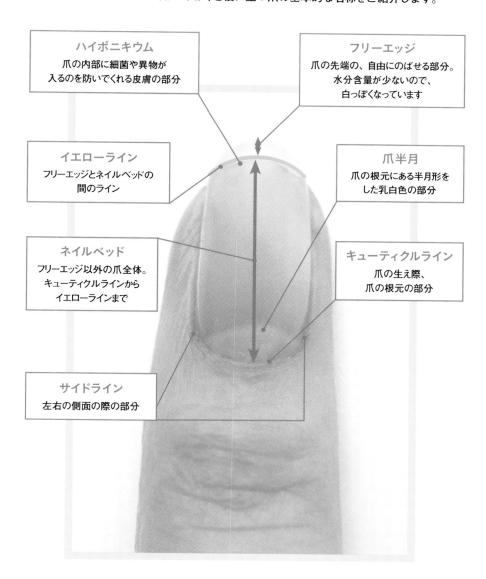

ハイポニキウム
爪の内部に細菌や異物が
入るのを防いでくれる皮膚の部分

フリーエッジ
爪の先端の、自由にのばせる部分。
水分含量が少ないので、
白っぽくなっています

イエローライン
フリーエッジとネイルベッドの
間のライン

爪半月
爪の根元にある半月形を
した乳白色の部分

ネイルベッド
フリーエッジ以外の爪全体。
キューティクルラインから
イエローラインまで

キューティクルライン
爪の生え際、
爪の根元の部分

サイドライン
左右の側面の際の部分

日常のお手入れと道具

爪をきれいに健康的に保つためにはふだんのケアが大切です。
ネイリストが実践している手と爪のお手入れ法をご紹介します。

必要な道具

ハンドクリーム

どんなタイプでも大丈夫ですが、こまめに塗るとよいので、小さめで持ち歩けるものがベスト。手を洗ったあとはもちろん、乾燥を感じたときは都度塗ってください

キューティクルオイル

顔に塗る美容液と同じ感覚で使っていただきたいのがキューティクルオイル。手は顔と違って、一日に何度も洗うので、できれば持ち歩いて折に触れて使うとよいでしょう。右からチューブタイプ、スポイトタイプ、ハケタイプ

ガーゼ

甘皮のお手入れにあると便利です

**ヤスリ
（エメリーボード）**

爪は3層からできています。爪切りで切ると3つの層がバラバラになって割れる原因になるので、爪切りより、できるだけヤスリでのお手入れをおすすめします。専門用語ではエメリーボードと呼びます

ハンドクリームとキューティクルオイルの塗り方

ハンドクリームは手全体にもみ込むように、指先まで塗る

キューティクルオイルは、キューティクルライン（爪の根元）に塗る

ハイポニキウム（爪と指の間）にも塗る

甘皮の整え方

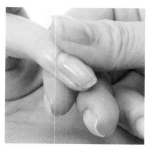

お風呂あがりなど皮膚がやわらかくなっているときがよい

爪を立てたり、無理に押し込んだりせず、爪でやさしく押しあげる

よりしっかりケアしたい方は、ガーゼを巻いた指で押す（強く押しすぎないように）

ヤスリのかけ方

1

サイドは45度に当てて、一方向に動かす（両方向に動かすと爪が痛むため）

2
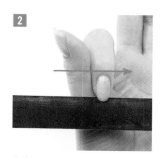

角度を調整しながら中央部まで整える

3
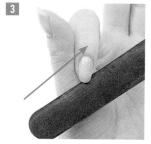

反対のサイドまで角度を調整しながら一方向に動かして整える

11

ネイルを塗る前の準備と道具

家では、そのままマニキュアを塗る方がほとんどだと思いますが、
塗る前にしておくと仕上がりがアップするひと手間をご紹介します。

あると便利な道具

エタノールと綿棒
ネイル用エタノール。なければ
傷用消毒液でもOK

ヤスリ（ファイル）
爪の表面を整えるためのスポ
ンジ状のヤスリ

トップコート
表面にツヤを出し、持
ちをよくしてくれま
す。ジェル風に仕上げ
るもの、速乾性など目
的別にさまざまな商品
があります

必要な道具

ベースコート
爪の表面をなめらかにし、
マニキュアとの定着をよく
してくれます。二枚爪用や、
美容液成分の入ったものな
ど目的別にさまざまな商品
があります

除光液と綿棒
はみ出してしまったとき
の修正用に除光液と
綿棒を用意しましょう。
コットンを巻いて使う
ネイル専用のウッドス
ティック（手前）は100
円ショップなどで購入
可能。竹串でもOK

塗る前の準備

手を洗って、手や爪についた汚れ
を落とす

ファイルで爪の表面の凹凸をできるだ
け整える（爪の薄い方はしないように）

あればエタノールでキューティク
ルライン（爪の根元）を消毒する

ベースコートと
トップコートの塗り方

ベースコート

少なめにとって、爪の中心、左右、
先端と塗る

トップコート

たっぷりとって、爪の中心、左右、
先端と塗る

基本の動作

ネイルを塗るときの向きはどちら向きでも間違いではありません。
どちら向きでもやりやすい向きで大丈夫です。
しっかり固定すると塗りやすくなります。

この向きだと安定するが、モチーフなどは
できあがりが反対向きになる

自分の向きにしたい方は、高さが出るよう
台（空き缶、食器など）を用意するとやり
やすくなる

オフするとき

オフするときは、コットンに除光液を含ませ、
ゴシゴシ擦らず、上からしっかり押さえて、
全体に浸透したら少しだけ擦ってさっと落とします。

必要な道具

除光液
しっかり落としたい
方はアセトン入り
を、爪にやさしいタ
イプならアセトンフ
リーがおすすめ

コットン
市販のカット綿

この本でできること

この本は、市販のマニキュアでできるネイルアートを紹介する本です。
ドラッグストアやコンビニ、100円ショップで買えるプチプラネイルでももちろんOK。
付属のハケだけでできるものもたくさんご紹介しています。

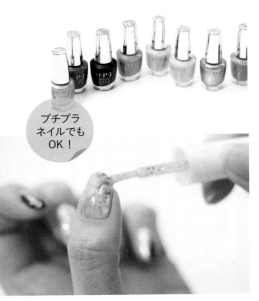

プチプラ
ネイルでも
OK！

ハケだけでも
いろいろ
できる！

パーツやストーンなどのネイル材料、
竹串や歯間ブラシなど
日常の道具でできるネイルアートは、
難しいテクニックはいらないものばかりです。

歯間ブラシ

ネイル材料

竹串

日常の道具も
意外に
使える

少し手の込んだデザインをするには、
乾くのが早く、初心者でもアートしやすいアクリル絵の具が便利です。
一般のネイルサロンはジェルネイルが中心なので、アクリル絵の具でデザインをする
ネイリストはなかなかいませんが、ネイリストの試験科目に組み込まれているため、
資格保持者は必ず学んでいます。また、アクリル絵の具だからこそ、できるデザインもあります。

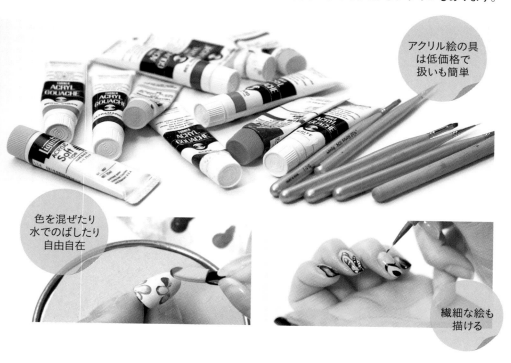

アクリル絵の具
は低価格で
扱いも簡単

色を混ぜたり
水でのばしたり
自由自在

繊細な絵も
描ける

さらに、アクリル絵の具と
マニキュアを組み合わせると、
デザインの幅が広がります。

15

デザインのヒント

デザインのヒントは暮らしの中に溢れています。
素敵な景色に出会う度に写真に撮って、ネイルに再現するのが日課のようになっています。
instagram@tomoka-dei

ホテルのダイニングで見かけたお皿に一目ぼれ

spring

道端で見かけた花の色合いに惹かれて再現

旅先のスペインのオブジェにパワーをもらったので

summer

アジサイのみずみずしさを表現してみました

レストランでいただいた色鮮やかなカルパッチョ

fall

まるで時間が止まったかのような夕日の色に惹かれて

クリスマスの教会の七色のステンドグラス

winter

青山のサロンの近くのカフェで♡

chapter 2

色使いのコツ

色の特性、色の組み合わせ方

色の特性とネイルでの応用法

この chapter では、ネイルアートで一番大事な色の組み合わせについて、お話します。
下のチャート図は、私がサロンワークをする中で考案した色の与える印象をまとめたものです。
よく着る服の色や小物など、照らし合わせてみると、あなたのファッションの方向性が見えてくるかも！

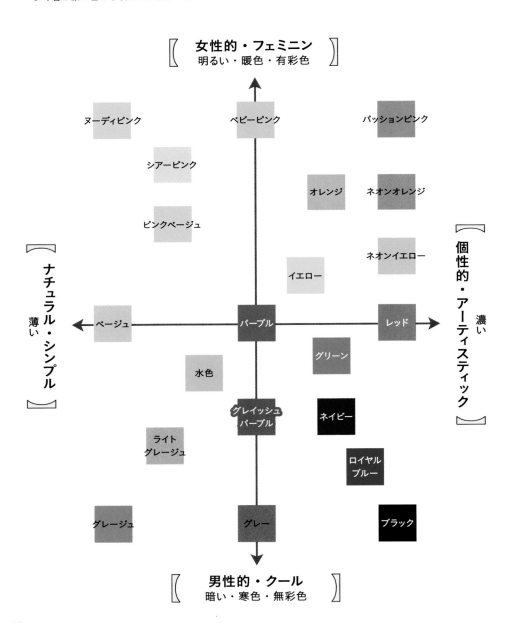

女性的・フェミニン
明るい・暖色・有彩色

ヌーディピンク　　　ベビーピンク　　　　パッションピンク

シアーピンク

オレンジ　　ネオンオレンジ

ピンクベージュ

ネオンイエロー

イエロー

ナチュラル・シンプル
薄い

ベージュ　　　　パープル　　　　　レッド

個性的・アーティスティック
濃い

グリーン

水色

グレイッシュ
パープル　　　ネイビー

ライト
グレージュ

ロイヤル
ブルー

グレージュ　　　　グレー　　　　ブラック

男性的・クール
暗い・寒色・無彩色

ネイルをバランスよくまとめるコツは、たったの3つです。
次のスリーステップで、色使いのコツはしっかりマスターできます。

5本全体で3色以内にまとめる

キーワードは3色です。
1つの爪を1色塗りする場合、5本全体の色を3色以内におさめましょう。また、1つの爪にデザインをする場合も、3色以内におさめましょう。これが、まとまったデザインに仕上げる基本です。

★ 1つの爪のデザインも、5本の爪の色も3色まで

- - - - - - - - - - - - - - - - - - - ⇩ - - - - - - - - - - - - - - - - - - -

3色の配分は「ネイルの配色黄金律」に合わせる

3色を使う場合、例えば、赤・青・黄で、同じ分量で塗るとおかしなデザインになります。ところが同じ色でも、赤70%、黄20%、青10%にすると、センスよくまとまります。私がいつもご提案している配分は以下の通りです。

★ ネイルの配色黄金律

ベースカラー	70%
サブカラー	20%
ポイントカラー	10%

ポイントカラー
サブカラー
ベースカラー

- - - - - - - - - - - - - - - - - - - ⇩ - - - - - - - - - - - - - - - - - - -

step3 色の組み合わせ方を考える

一番分量が多いベースカラーがデザイン全体の印象を決めます。次のページから、いつも私が提案している、4つのカラー分類をご紹介します。それぞれのイメージと役割に合わせて、ナチュラルカラー、アースカラー、アクセントカラー、ビビッドカラーと名付けました。
ナチュラルカラーをベースにすると、オフィス向きの落ち着いた印象になります。アースカラーをベースにすると、洗練された印象になります。アクセントカラーをベースにすると、ゴージャス感が演出できます。ビビッドカラーをベースにすると、個性的な印象になります。

★ ベースカラーで印象が決まる

肌になじむ色

ピンク系

肌の赤みが
強い人に似合う

ベージュ系

肌の黄色みが
強い人に似合う

1色塗りだと肌なじみがよく、オフィスネイルに最適な色。ナチュラルカラーを上手に使うコツは肌の色に合う色を選ぶこと。肌に合う色は手がきれいに見えます。ファンデーションを選ぶときと同じように、肌の色がピンク系か、イエロー系かで判断します。肌の色の赤みが強ければピンク系、黄色みが強ければベージュ系です。

ただ、肌の色に合わせて選ぶといいけれど、残念ながら、それが好きな色とは限りません。本来はベージュ系が似合うけれど、ピンクが好き♡という方も実際にいらっしゃいます。好きな色は気分があがりますから、使わなければもったいない！ 似合わないけれど好きな色を上手に使いこなすポイントは、実はビビッドカラーのポイントと同じです。

＼ ナチュラルカラーを使いこなす **3つのポイント** ／

point 1 自分の 肌に合う色 を探す

point 2 １色塗りで シンプルに使う

point 3 肌に合わないけれど好きな色は、
ビビッドカラーと同じ感覚で使う （P 23 の 3 つのポイント参照）

どんな色とも相性がいい色

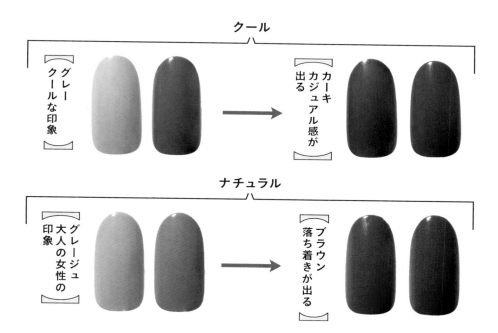

クール

【 グレー クールな印象 】

→

【 カーキ カジュアル感が出る 】

ナチュラル

【 グレージュ 大人の女性の印象 】

→

【 ブラウン 落ち着きが出る 】

砂や土、コケや草など、地面の色。5本の爪のうちどこかに入れておくと全体の印象がおしゃれっぽくなる便利な色。アースカラーを少し加えるだけで、全体の調和がとれて、穏やかな印象になります。
秋の色、というイメージがあるかもしれませんが、アースカラーばかりを重ねず、他の色との組み合わせれば、季節感なく年中使えます。

ネイルで色合わせが難しいと言われる青系、黄色系とも相性がよく、どんな色でも合わせやすいので、はっきりいって使い方にコツはありません。色に幅があるので、色の幅による傾向だけ覚えておけば、便利に使えます。
また、誰にでも似合う！というものアースカラーの特徴です。

\\ アースカラーを使いこなす **3つのポイント** //

point 1 **青みが強いほど クールな印象になる**

point 2 **赤みが強いほど ナチュラルな印象になる**

point 3 **似合わない人が少なく、嫌いな人も少ない色**

印象を格上げしてくれる色

〖 ラメ系 〗　〖 ニュアンス系 〗　〖 パール系 〗

ゴールド

ピンクゴールド

シルバー

シャンパンシルバー

ゴールドやシルバーは、特別な色です。少し使うだけで、きらめきが追加されるので、トータルファッションを格上げしてくれます。ふだんあまりアクセサリーを付けない方には、特にネイルにアクセントカラーを使うことをおすすめします。また、色み自体は肌なじみのいい色なので、気負わず使えます。ゴールド、シルバーにも色の幅があります。ラメ系はきらめきが強く、アクセサリー感覚でポイント

カラーとして使うのがおすすめ。ニュアンス系は特に日本人が好きな色で、プチプラネイルのカラーラインナップでもよくある人気色です。肌なじみがいいので、アースカラーと同じ感覚で使えます。パール系は、ハケの跡が出やすく、実は塗り方の難易度が高いので、ベースカラーとして使って、上からデザインをプラスすると、あらも隠せて使い勝手がよくなります。

＼ アクセントカラーを使いこなす **3つのポイント** ／

point **1** ラメ系はポイントカラーとして　アクセサリー感覚で使う

point **2** ニュアンスカラーは　アースカラーと同じ便利な色

point **3** パール系は　ベースカラーが最適

主張が強く使い方が難しい色

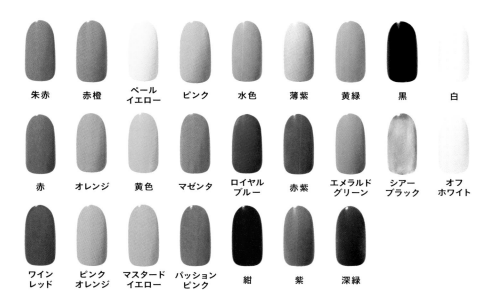

朱赤	赤橙	ペール イエロー	ピンク	水色	薄紫	黄緑	黒	白

赤　オレンジ　黄色　マゼンタ　ロイヤル ブルー　赤紫　エメラルド グリーン　シアー ブラック　オフ ホワイト

ワイン レッド　ピンク オレンジ　マスタード イエロー　パッション ピンク　紺　紫　深緑

原色系の色は、はっきりいって使いにくい！　でも、ビタミンカラーのオレンジや黄色、若葉色の黄緑など、色自体に、気持ちを元気にしてくれるパワーがあるのも事実。もちろん使いこなす方法はあります。
一番は、べったり１色塗りせず、ポイントカラーとして使うこと。これならば、抵抗なくとり入れられます。または、ナチュラルカラーやアースカラーと混ぜてマーブルにして使うこと。これも、肌なじみのいい色が混じることで、落ち着いた印象にしてくれます。

ぜひ取り入れていただきたいのが、余白をつくる塗り方です。デザインをするときにしか使えないワザですが、キューティクルラインをあけることで、肌なじみがよくなります。そもそも日本人の黄色みの強い肌には、青や緑がばっちり合う人はめったにいません。余白を作って地爪が所々見える状態にしたほうが軽やかな印象になります。
次のページから、ビビッドカラーを使ったデザインと、それぞれの色の使いこなし方をご紹介していきます。

＼＼ ビビッドカラーを使いこなす **3つのポイント** ／／

point 1　**ポイントカラー**　として使う

point 2　**マーブル（P38）にして　なじむ色と混ぜて使う**

point 3　**デザインするときは　キューティクルライン（根元）をあける**

Red 赤

1色塗り（ワンカラー）が似合う色。シンプルなパーツ使いが一番映えます。赤が苦手な方は、ワインレッドなど暗めの色をポイントカラーとして少し使う所から始めましょう。

朱赤

和装に一番似合う和の万能色。紫の着物にも緑の着物にも合わせやすい。

技法
親指・薬指：マーブル（P38・40）
人差指・小指：メイクチップ（P59・61）
箔（P43・45）
中指：竹串（P50・52）

赤

本来は1色塗りが素敵な色。クリスタルなどシンプルなパーツ使いがおすすめ。

技法 薬指：パーツ（P43・45）

肌なじみのよいピンクやベージュと合わせると、さりげなく赤が楽しめる。

技法
すべての指：ベタ塗り（P38・40）
薬指：パーツ（P43・45）

ワインレッド

ワインレッドはシアーな色味が使いやすい。ゴールドと合わせると肌なじみもよくなる。

技法
すべての指：ストーン（P43・45）
絆創膏（P51・53）

全面赤が苦手な方は、アクセサリー感覚で、キラキラ素材と合わせてポイント使いを。

技法
親指・中指・薬指：粉ラメ（P42・44）
箔（P43・45）
人差指・小指：ベタ塗り（P38・40）
パーツ（P43・45）

実は日本人の肌に合わせやすい色。特に、日焼けした肌の色によく似合います。アースカラーと合わせやすく、ポイントさえ押さえればブルー系ともよく合います。

Orange 橙

赤橙

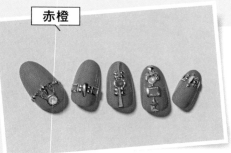

エスニック風のデザインと相性◎。ポイントカラーなら青や白がおすすめ。

技法 すべての指：パーツ（P43・45）

アースカラーと組み合わせて、ポイントにアクセントカラーを使ったデザイン。

技法
親指・薬指・小指：パーツ（P43・45）
人差指：ツイード（P39・41）
中指：パーツ（P43・45）糸（P43・45）

ポイントカラーとして使えば、ベースカラーとして使うとき以上に存在感を発揮する。

技法 すべての指：ベタ塗り＋
アクリル絵具（P63）

オレンジ

ピンクオレンジ

やや発色が落ち着いたオレンジ。同系色の穏やかな色と混ぜると、さわやかな印象になる。

技法 すべての指：マーブル（P38・40）
中指：パーツ（P43・45）糸（P43・45）

アースカラーと合わせると無難だが、発色が同程度の青をプラスすると華やかになる。

技法 人差指・薬指：スポンジ（P51・53）
すべての指：パーツ（P43・45）

Yellow
黄

黄色を使うと子どもっぽくなりがちですが、グレーと合わせると洗練された印象になります。黄色とグレー、グレージュの組み合わせはおしゃれネイルの鉄板です。

ペールイエロー

簡単そうで難しい色。ネイビー、シルバーなど、寒色のグレー系と相性がよい。

技法 親指・人差指・薬指：パーツ（P43・45）
中指・小指：竹串（P50・52）

鮮やかな黄色をポイントカラーに、グレージュ、ブラウンをサブカラーとして合わせる。

技法 親指・薬指：ベタ塗り（P38・40）
人差指・小指：カスレ塗り（P39・41）
パーツ（P43・45）
中指：ベタ塗り（P38・40）
カスレ塗り（P39・41）

黄色

肌色に近い色とマーブルにすると落ち着いて、他のビビッドな色と合わせやすくなる。

技法 親指・薬指：マーブル（P38・40）
粉ラメ（P42・44）
人差指・小指：メイクチップ（P59・61）
中指：粉ラメ（P42・44）

マスタードイエロー

かわいらしい色は、ブロッキングなどでデザインに直線が入ると、甘くなりすぎない。

 技法 すべての指：マスキング（P51・53）

暖色のアースカラー、グレージュで中和することで、シルバーや白とも合わせやすくなる。

 技法 すべての指：歯間ブラシ（P46・48）
人差指・小指：パーツ（P43・45）

ピンク＝女子の色というイメージですが、「見ると幸福感が増す色」とも言われています。黄色と同じで、グレーと相性のよい色です。苦手な方はポイント使いを。

ピンク

グレージュと組み合わせることで甘さがおさえられ、パーツで透明感が出る。

技法┃ 親指・薬指：パーツ（P43・45）
　　　中指・薬指・小指：マーブル（P38・40）

モノトーンと、直線のデザインが加わることで、ピンクが大人っぽくなる。

技法┃ すべての指：マスキング（P51・53）

マゼンタ

同系色の色合わせは失敗しない組み合わせ。地爪を見せることでバランスがとれる。

技法┃ すべての指：ベタ塗り（P38・40）

青みのあるピンクは、日本人の肌には合わせにくいのでポイント使いがおすすめ。

技法┃ すべての指：ベタ塗り（P38・40）
　　　親指・薬指：ホイル（P42・44）

パッションピンク

発色の強いパワーのあるピンク。ベースカラーで使うと、白や薄いピンクが映える。

技法┃ 親指・薬指：ベタ塗り＋アクリル絵具（P62・64）
　　　　　　　　箔（P43・45）
　　　中指・小指：ベタ塗り（P38・40）粉ラメ（P42・44）
　　　人差指：ベタ塗り（P38・40）箔（P43・45）

Blue 青

肌からかけ離れた色なので、キューティクルラインをあけて塗るのがコツ。ただ、色のインパクトを楽しみたいなら、キューティクルラインまで塗るデザインもありです。

水色もダークブラウンも肌とかけ離れた色。グレーが加わることで、全体が調和する。

技法 親指・人差指・中指・小指：竹串(P50・52)
薬指：パーツ(P43・45)

ブルー系とグレージュ系の組み合わせはあか抜けて見える。アクセントにシルバー。

技法 親指・人差指・中指・小指：ベタ塗り(P38・40)
すべての指：ホイル(P42・44)

水色

ロイヤルブルー

白にロイヤルブルーの組み合わせは、シンプルでとても上品。繊細な柄が映える。

技法 すべての指：細くて長いライン(P55・57)

カーキが入るとカジュアルな印象に。手描きのゆがんだラインでも違和感なく馴染む。

技法 親指・薬指：パーツ(P43・45)
人差指・中指・小指：ベタ塗り(P38・40)
粉ラメ(P42・44)
ホイル(P42・44)

紺

紺とグレージュ、ピンクの組み合わせはオフィスでもできそうな落ち着いた印象になる。

技法 すべての指：ベタ塗り(P38・40)
パーツ(P43・45)

何色とも混ざらない強い主張のある黒。1色塗りだとどっしりと重いイメージがありますが、デザインをすることで、いくらでも軽やかになる色です。

 黒

黒のカスレ塗りは、和洋問わずコーディネートしやすい。メタリックを地色にすると映える。

 技法 すべての指：カスレ塗り(P39・41)

黒は重ね塗りにも最適。アクリル絵の具を使うとマニュキアを混濁させず早く乾く。

 技法 親指・薬指：ラメグラデーション(P39・41)
人差指・中指・小指：ベタ塗り＋
アクリル絵の具(P63)

メタリックの色を引き立たせてくれるのが黒。どんな色のホイルでも成り立つデザイン。

 技法 すべての指：ホイル(P42・44)

シアーブラック

透け感のある黒は塗るだけでセクシー。マットな黒で縁取ると全体が締まって柄が浮き立つ。

 技法 すべての指：細くて長いライン(P55・57)
竹串(P50・52)
人差指・中指：小指：パーツ(P43・45)

流れるような長いラインを引くことで、爪を長く見せられる。黒に黒でも、軽やかな印象に。

 技法 すべての指：長いライン(P55・56)

White

白

白は清楚で品があり、オフィスにもはまり、季節感もなく、手がきれいに見えます。万能に聞こえますが、ムラなく塗るのは難しいので、デザインに取り入れるのが最適です。

白

真っ白なネイルは濃い色と同様、先端にとどめたほうが、手が美しく見える。

技法 すべての指：スポンジ(P51・53)
ストーン・パーツ(P43・45)

白も黒も使い方次第で重くなるが、白を爪の中央にのせ、黒で動きを出せば、軽やかにまとまる。

技法 すべての指：ベタ塗り(P38・40)
長いライン(P55・56)

一色塗りでも、空間を作り、べったりと色をのせない塗り方をすることで、主張するデザインに。

技法 すべての指：カスレ塗り(P39・41)

オフホワイト

5本同じデザインでも、地色をグラデーションで変えると調和してやわらかな印象に。

技法 すべての指：つまようじ(P47・49)

オフホワイトと白の組み合わせ。地爪の肌色から白までグラデーションができてやわらかくなる。

技法 親指・中指：パーツ(P43・45)
人差指・薬指・小指：細くて長いライン
(P55・57)

chapter 3

ネイルテクニック

動画
QRコード
付き

マニキュアだけでできるデザイン
ネイル材料を使うデザイン
道具を使うデザイン
アクリル絵の具でできるデザイン

基本の塗り方

薄い色 の マニキュアの塗り方

薄い色は肌になじむ色です。キューティクルライン（爪の根元の部分）は、濃い色と違って目立たないので、神経をつかわなくて大丈夫。それよりも色ムラがでないように、マニキュアをたっぷりめに塗りましょう。

薄い色。主に肌なじみのよい色

point

全体的に色ムラができないように、2度目に塗るときに調整する

塗り方 ▶ P36　マニキュア：ピンクベージュ

指先がきれいに見えて、ネイルが長持ちする塗り方をご紹介します。基本は2度塗り。1度目はライン取り、2度目は色ムラをなくすように塗ります。細かなポイントは、薄い色と濃い色で異なりますので、それぞれにわけてご紹介します。

濃い色 の マニキュアの塗り方

濃い色は肌の色とは遠い色です。色ムラは出にくいですが、キューティクルライン（爪の根元の部分）がガタガタしていると、手全体が美しく見えないので、はみ出さないように集中しましょう。

濃い色。主に肌の色とはかけ離れた色

point

キューティクルラインはできるだけなめらかに。はみ出したら綿棒などで修正する

塗り方 ▶ P37　マニキュア：ネイビー

薄い色 のマニキュアの塗り方

＼ 塗り方動画 ／

https://youtu.be/rnBYhjmPrrl

1

ベースコートを塗る。たっぷりとらず、少なめにとって、爪の中心の根元から塗る

2

次に左側、右側と、三回に分けて爪全体を塗る

3

爪の先をなぞるようにして先端もしっかり塗る。(5本分塗る)

4

1度目は少なめにとり、ふちを意識して塗る。キューティクルラインは多少ずれても OK

5

左右の中心をまず塗る

6

左側、右側と3回にわけて爪全体を塗る

7

先端部分をなぞるようにしてしっかり塗る。(5本分塗る)

8

2度目はたっぷりめにとって、ムラを失くすよう意識して、中心、左右と3回にわけて塗る

9

先端部分をなぞるようにしてしっかり塗る。(5本分塗る)

10

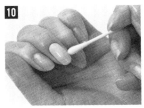

はみ出した所があれば、除光液で湿らせた綿棒で修正する

11

1〜2分待ってから、トップコートをたっぷりめにとって、中心、左右、先端と塗る。(5本分塗る)

process

濃い色 のマニキュアの塗り方

＼塗り方動画／

https://youtu.be/tfBnu6bvOY4

1 ベースを塗る。左右の中心のキューティクルラインから、塗り始める

2 左側、右側と3回にわけて爪全体を塗り、先端をなぞるようにしっかり塗る。（5本分塗る）

3 濃い色は、キューティクルラインが大事なので、なめらかなラインになるように気をつけて塗る

4 1度目はふちを決めることを意識して、中心、左側、右側、先端までしっかり塗る。（5本分塗る）

5 濃い色はムラにはなりにくいが、2度目は、色ムラがでないように意識して、全体を塗る

6 中心、左側、右側と3回にわけて塗ったら、先端をなぞるようにしっかり塗る。（5本分塗る）

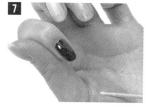

7 細かい修正をするときは、竹串などの先にコットンを巻き付け、手のひらでなじませる（P12参照）

8 除光液で湿らせて、はみ出した部分を修正する

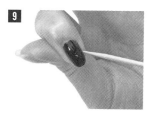

9 さらに細かい修正は、竹串の先端を除光液で直接湿らせて、使う

10 広範囲な修正は、麺棒を除光液で湿らせて使う

11 1〜2分待ってから、トップコートをたっぷりめにとって、中心、左右、先端と塗る。（5本分塗る）

process

37

マニキュアだけで
できるデザイン

マニキュアのふたに付いているハケだけでも、塗り方を
工夫すれば、素敵なデザインができます。まずは、付属
のハケだけで手軽に始めてみましょう。

ベタ塗り

ベースカラーに2色のマニ
キュアをのせるだけのシン
プルなデザイン。色が増え
る分、洋服とコーディネー
トしやすくなります。

塗り方 ▶ P40　マニキュア：ピンク、シルバー、ネイビー

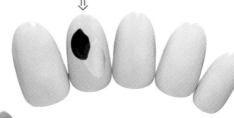

バリエーション

同じ3色使いでも、ベース
カラーを替えるだけで、急
におしゃれな印象に。

マーブル

ニュアンスネイルの代表テ
クニック。緑1色では浮
きがちでも、ピンクやベー
ジュを混ぜれば、オフィス
でもOKになります。

塗り方 ▶ P40　マニキュア：ピンク、ペールグリーン

バリエーション

仕上げのトップコートをを
斜めに走らせると鮮やかな
マーブルになります。

ツイード
（カスレ塗り）

糸で編むように縦横にラインを入れていくことで、布のような面を作っていく塗り方。カスレるくらいの軽いタッチがベスト。

塗り方 ▶ P41　マニキュア：ネイビー、ゴールド、白

バリエーション

ツイードを作るときのカスレ塗りを大きく使うと、大胆な模様になる。

ラメ
グラデーション

100円ショップのネイルでもきれいにできるおすすめテクニック。どんな色のラメでも、また2色使いでもきれいに仕上がります。

塗り方 ▶ P41　マニキュア：ラメゴールド

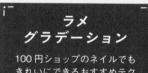

手描きフレンチ＆
ラメ

フレンチネイルを手描きするのは難しいですが、塗り際をラメで隠してしまえばOK！失敗知らずのテクニックです。

塗り方 ▶ P41　マニキュア：深緑、ラメシルバー

ベタ塗り

、塗り方動画 /

https://youtu.be/hBJvKw0v_NE

ベースカラーが乾いたら、1色目をランダムにのせる

液だまりがあると乾きにくいのでよくしごいたハケで上からなじませておく

2色目を1色目の近くにのせる。あまり深く考えず、気軽にのせるのがコツ

半乾きになるまで待って、トップコートで仕上げる

マーブル

、塗り方動画 /

https://youtu.be/DTYtRQbWboE

ベースコートをしっかり塗ってから、1色目を根元から先に向かってのせ、少し戻す

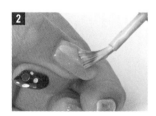

■と同じ方向に、2色目をのせて少し戻す。乾ききる前にテンポよくのせることが大事

3色目も同じ方向にのせて、■、■より大きめに戻す

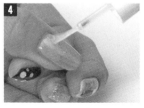

3色のせたら、トップコートをたっぷりとって、全体に塗ると、きれいなマーブルになる

足りない色を足して、全体を調整し、仕上げにトップコートを塗る

process

ツイード
（カスレ塗り）

、塗り方動画 ,

https://youtu.be/DEfDwowiSCc

1色目で、カスレるくらいの軽い
タッチで、縦方向に無数のライン
を入れていく

同じ色で、**1**と直角になるように、
横方向にラインを入れていく

2色目で、**1**と**2**の穴を埋めるよ
うに、縦方向、さらに横方向にラ
インを入れていく

3色目で、**1**～**3**の穴を埋めるよ
うに、縦方向、さらに横方向にラ
インを入れていく

最後に、1色目に戻って、全体を
調整して、トップコートを全体に
塗って仕上げる

ラメ
グラデーション

、塗り方動画 ,

https://youtu.be/EepeDg5exZ4

爪の先端⅓のあたりにラメマニ
キュアを塗る

爪の先端に重ね塗りし、トップコー
トで仕上げる

手描きフレンチ＆
ラメ

、塗り方動画 ,

https://youtu.be/n-0qGwTyojI

フリーエッジを、埋めるように、
できるだけ縦にハケを動かして
塗っていく

1の塗り際を埋めるように、ラメ
をのせ、トップコートで仕上げる

ネイル材料を
使うデザイン

ネイル専用の「ネイル材料」を使うデザインです。ただ貼り付けるだけでもOKですが、基本的なコツを知ると、バランスよく長持ちするデザインが楽しめます。

ホログラム

色、形はさまざまあり、光に反射してキラキラと輝くのが特徴。ホロネイルという言葉があるほど、人気のネイル材料です。

塗り方 ▶ P44　マニキュア：黒

ホイル

ネイル専用の転写シートです。色も大きさもさまざまで、好きな大きさにカットして、ネイルに貼り付けて転写後にはがします。

塗り方 ▶ P44　マニキュア：ピンク

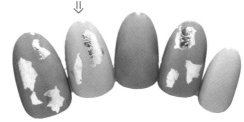

粉ラメ

パウダーラメ、グリッターラメとも呼ばれます。分量を調節できるので、ラメマニキュアより、デザインをコントロールできます。

塗り方 ▶ P44

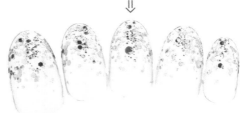

箔＆糸

箔も糸も、デザインにきらめきを添えてくれるアイテム。どちらも、そのまま使わず使いたい大きさに整えて使うことが大事です。

塗り方 ▶ P45　マニキュア：ピンク、シルバー、ネイビー

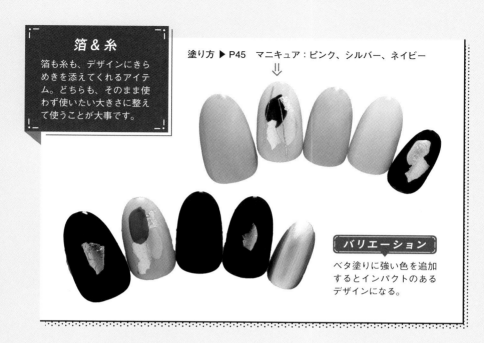

バリエーション

ベタ塗りに強い色を追加するとインパクトのあるデザインになる。

ストーン＆パーツ

石の種類もパーツも多種多様。取れにくくするコツは、爪の先端を避けることと、置いたあとしっかり押して接着することです。

塗り方 ▶ P45　マニキュア：ピンク、ペールグリーン

バリエーション

同系色でまとめれば、オフィスネイルでも違和感がない落ち着いた雰囲気に。

ホログラム

、塗り方動画 ╱

https://youtu.be/XvdUrL0Fpcc

1 トップコートを接着剤代わりに、竹串を使ってホログラムをのせる

2 竹串の背でぎゅっと押してしっかり接着し、仕上げにトップコートを塗る

ホイル

、塗り方動画 ╱

https://youtu.be/54cUNyWrdc0

1 ベースカラーがある程度乾くのを待ってトップコートを塗っておく

2 トップコートが乾かないうちに、ホイルを爪にくっ付ける

3 すぐに離すと転写される

4 指で上から押さえて、浮いていないか確認して、トップコートで仕上げる

粉ラメ

、塗り方動画 ╱

https://youtu.be/HnN_DhXsFig

1 予めトップコートを爪に塗っておいて、トップコートのハケでラメを取る

2 爪の先端部にのせて、トップコートで仕上げる

process

44

箔&糸

塗り方動画

https://youtu.be/ofINdQis_1g

1

箔は、塊をほぐして使いやすい大きさに整える

2

爪にはトップコートを塗っておく。ピンセットを使って箔を爪にのせる

3

ポンポンと指で押さえるようにして、表面が乾いたか確認する

4

乾いたら、浮いていないか確認しながら、指でなでるようにしてなじませる

5

糸も、塊をほぐして使いやすい長さにハサミでカットする

6
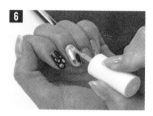

爪にトップコートを塗っておく

7

糸は、爪の向きと平行に、縦にのせる。横にのせるとはがれやすくなる

8

ポンポンと乾いたか確認後、なでてなじませ、トップコートで仕上げる

ストーン&パーツ

塗り方動画

https://youtu.be/6eEIQIN4WAo

1

トップコートを塗り、パーツをのせる。場所は爪の中心か根元が取れにくい

2

ピンセットでぎゅっと押してしっかり接着させ、トップコートで仕上げる

※しっかり接着したい方は市販のネイル専用グルーを使ってください

道具を
使うデザイン

ちょっとした道具を使うことで、デザインが画期的にアップすることがあります。100円ショップなどで手に入る道具を使ってできることをご紹介します。

歯間ブラシ（1色）

ラインをまっすぐ引けない方も、スタンプ感覚で、ラインが引けます。軟らかいタイプの歯間ブラシを使うと上手にできます。

塗り方 ▶ P48　マニキュア：ネイビー、シルバー

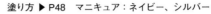

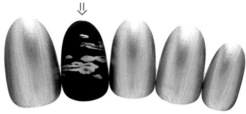

歯間ブラシ（2色）

歯間ブラシは大体、1パックにたくさん入っているので、1本ずつ別の色に使って、多色使いするとデザインの幅が広がります。

塗り方 ▶ P48　マニキュア：ピンク、黒、白

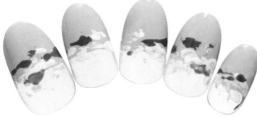

バリエーション

手描きフレンチ＆ラメ（P39・41）と同じ感覚で、塗り際にラインを描いたもの。

46

つまようじ
（横スライド）

爪にランダムにマニキュアをのせて、つまようじの頭の部分でこするように動かしただけ。味のあるカスレ塗りになります。

塗り方 ▶ マニキュア：深緑、白
⇩

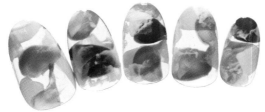

バリエーション

シアーな（透明感のある）マニキュアを組み合わせると、さわやかな印象に。

バリエーション

つまようじを横だけでなく縦にもスライドさせたもの（親指・薬指・小指）。

バリエーション

あまりスライドさせず、ベタ塗りの雰囲気を残したもの（薬指）。

歯間ブラシ（1色）

\塗り方動画/

https://youtu.be/T4O-nMWG7RM

1 ベースカラーを塗ったあと、歯間ブラシに、ハケでマニキュアを付ける

2 爪のカーブに沿って、爪のサイドラインに当てる

3 擦らず、スタンプを押すようにして動かす

4 そのまま反対のサイドラインまでラインを引く

5 全体のバランスを見て、所々短いラインものせ、トップコートで仕上げる

歯間ブラシ（2色）

\塗り方動画/

https://youtu.be/5IE7IH4OXek

1 1色目のマニキュアを歯間ブラシに付け、つめのカーブに沿ってラインを引く

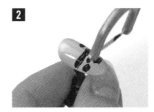

2 バランスを見て所々短いラインものせていく

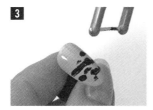

3 1色目をバランスよくのせたら、乾ききらないうちに、2色目を用意する

4 別の歯間ブラシで、爪の上で色を混ぜるような感覚で、2色目をのせていく

5 全体のバランスを整え、トップコートで仕上げる

process

48

つまようじ
（横スライド）

塗り方動画

https://youtu.be/xVEZW-GskTU

1 ベースカラーがある程度乾いたら、爪にランダムに白いマニキュアをのせる

2 乾ききらないうちに、つまようじの頭の部分を爪に当てる

3 横にスライドさせる

4 同じようにつまようじを当てて、スライドさせる

5 全体のバランスを確かめる

6 何度か同じようにくり返すと、バランスのよいデザインになる

7 全体を整えて、トップコートで仕上げる

process

・ *column* ・

トップコートは2つ常備すると便利

トップコートは常に2本持っていると便利です。

1本は、最後の仕上げに塗るためのトップコート。これは常にきれいな状態で保ちます。もう1本はデザイン専用のトップコートです。マーブル（P38・40）や粉ラメ（P42・44）などのデザインは、トップコートの付属のハケを使うと、きれいに仕上がります。でも、その際どうしてもハケが汚れます。そのままトップコートに戻せば、汚れは底に沈殿するので問題ありませんが、何度も続けるうちに多少濁ってきます。気になる方は、デザイン専用のトップコートを1本用意しておくと、気にせずに使えます。

竹串
（縦スライド）

まっすぐラインが描けないという方も、長めの竹串にマニキュアを塗って当てるだけなら、スタンプ感覚でまっすぐのラインが引けます。

塗り方 ▶ P52　マニキュア：深緑、カーキ、白

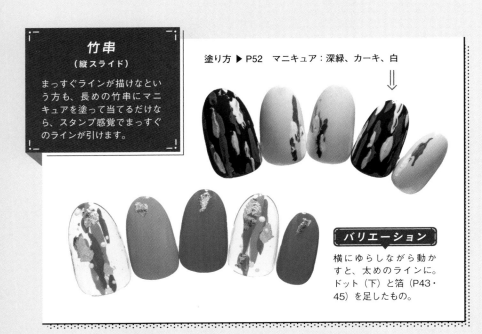

バリエーション

横にゆらしながら動かすと、太めのラインに。ドット（下）と箔（P43・45）を足したもの。

竹串
（ドットとライン）

竹串の細いほうと太いほうを使ってできることを組み合わせたもの。シンプルなので他のデザインとも合わせやすく、和装にもぴったり。

塗り方 ▶ P52　マニキュア：ネイビー、白

バリエーション

ベースカラーを2色にして、太い竹串を使ったもの。ベースと竹串次第で変幻自在。

絆創膏
（フレンチ）

手描きでは難しいフレンチネイルも、絆創膏のカーブをマスキングに利用すれば、誰でも簡単に描けます。しっかりと隙間なく貼り、完全に乾いてからはがすのがコツ。

塗り方 ▶ P53　マニキュア：ネイビー

マスキングテープ
（V字フレンチ）

逆V字とも呼ばれるフレンチネイルのバリエーション。市販のマスキングテープを斜めに2枚貼って、描きます。角をしっかり鋭角にすることがポイント。

塗り方 ▶ P53　マニキュア：ペールグリーン

スポンジ
（グラデーション）

グラデーションは、色味の異なる同系色を重ね塗りして描きますが、スポンジを使えば、1色のマニキュアで失敗なしにできます。

塗り方 ▶ P53　マニキュア：ゴールド

細筆

細い筆を使えば、マニキュアでも、細いラインを描くことはできます。100円ショップなどで売られている、メイク用や絵画用、またはネイル専用の筆を使います。

塗り方 ▶ P53　マニキュア：白、深緑、ゴールド

竹串
（縦スライド）

、塗り方動画 ╱

https://youtu.be/edVt5wS6ChI

1 ベースカラーのあと、竹串にマニキュアを付け、スタンプを押すように爪に当てる

2 短く当てると、短いラインになる

3 長く当てたり、縦にスライドさせたりすると長いラインになる

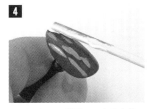

4 同じ竹串の反対側に2色目を付けて、同じようにラインを描いていく

5 1色目の間に2色目をのせて全体のバランスを整え、トップコートで仕上げる

process

竹串
（ドットとライン）

、塗り方動画 ╱

https://youtu.be/KZ7pgAUa1v8

1 ベースカラーが乾いたら、付属のハケで、アルミホイルにマニキュアを少量出す

2 竹串の細いほうの先にマニキュアを付け、できるだけ手を固定して細いラインを描く

3 線は曲がっても、切れても、そこから描き足せばOK！

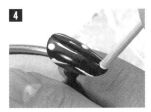

4 竹串の太いほうの先にマニキュアを付けて、スタンプを押すようにドットを描く

5 細いほうでも同じようにドットを描き、トップコートで仕上げる

絆創膏
（フレンチ）

\ 塗り方動画 /

https://youtu.be/FKE6eK6tSZo

1 絆創膏のカーブを爪に合わせて少しずらし、隙間ができないようにぴったりと貼る

2 上からマニキュアを塗り、乾いたら絆創膏をはずし、トップコートで仕上げる

マスキングテープ
（V字フレンチ）

\ 塗り方動画 /

https://youtu.be/ImnJRKfv5iY

1 長さ2〜3cmに切ったテープを爪にV字に貼り、隙間がないように密着させる

2 マニキュアを上から塗り、乾いたらテープをはずし、トップコートで仕上げる

スポンジ
（グラデーション）

\ 塗り方動画 /

https://youtu.be/XHWcL9XG19s

1 付属のハケで、スポンジに直接マニキュアを付ける

2 スポンジで色をのせ、先端にはハケでマニキュアを塗り、トップコートで仕上げる

細筆

\ 塗り方動画 /

https://youtu.be/eWHV_Wg5RhE

1 ベースカラーが乾いたら、アルミホイルにマニキュアを出し、筆に付けてラインを描く

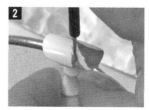

2 筆を変えるか、除光液で洗って、2色目も同じように描く。トップコートで仕上げる

アクリル絵の具でできるデザイン

アクリル絵の具は、100円ショップでも買えますし、12色1000円程度と安価です。マニキュアでは描けない繊細な絵が描けるのでぜひ挑戦してみてください。

マニキュアテクニックの **応用**

アクリル絵の具を使うと、マニキュアと同じ技法を使っても、異なる仕上がりになります。

ベタ塗り

水で濃度を調節できるので、筆跡でニュアンスを出すことができる（P38参照）。

カスレ塗り

マニキュアよりも勝手が利くので、カスレ具合も何通りか表現できる（P39参照）。

竹串
（ドットとライン）

筆に不慣れな方や、ラインを描くのが苦手な方は、竹串が便利（P50参照）。

長いライン

地図に載った道や自然な川の流れのように、枝分かれさせながら不規則なラインを描きます。長いラインを描くときは、たっぷり絵の具を取り、短いときは少なめに。

塗り方 ▶ P56　マニキュア：白　アクリル絵の具：黒

⇓

バリエーション

筆を自由に滑らせて、シンプルな長いラインだけを組み合わせたデザイン。

細くて長いライン

アクリル絵の具用の筆でラインを、竹串でドットを描いていきます。流れを意識して線をつなぎ、細かくなりすぎる所は無理に描きこまず、余白を意識することも大切。

塗り方 ▶ P57　マニキュア：白
アクリル絵の具：ロイヤルブルー

⇓

塗り方 ▶ P57　マニキュア：ネイビー　アクリル絵の具：白

⇓

バリエーション

さらに細いライン。ラインを巻いたりつなげたりするだけでもモチーフが描ける。

基本の扱い方

アクリル絵の具の魅力は、安価で、筆と絵の具さえあれば、家にある道具で気軽に始められることです。マニキュアにない長所は、

1 繊細な絵が描けること
2 絵の具を混ぜて好きな色を作れること
3 水分の量でタッチをコントロールできること

などです。空気にふれるとだんだん固くなるので、チューブから出したてを使いましょう。
マニキュアよりは落ちやすいので、マニキュアと組み合わせたり、仕上げにトップコートを重ねたりすることで持ちがよくなります。

必要な道具

- □ アクリル絵の具
- □ 筆
- □ 小皿（水差し）
- □ アルミホイル（パレット）
- □ キッチンペーパーまたは
    ティッシュペーパーなど

必要な道具を用意して、使いやすいように並べたら、アルミホイルに絵の具を適量出す

筆を水で湿らせる。筆の水分量が多ければ、ペーパーに当てて吸収させて調整する

チューブから出したてはそのまま使う。しばらくすると固くなるので、水を足して調整する。

長いライン

塗り方動画

https://youtu.be/HOIeBHhorMY

ベースがしっかり乾いたら、筆に絵の具をたっぷり付ける

長いラインを上から下に描く

2の塗り始めは絵の具がたまっているので、そこから描き足すようにラインをのばす

カスレてしまっても、あとから修正できるので、気にせずに描く

描き終えたら全体を見て、細かい所を描き足すなど、微調整して、トップコートで仕上げる

細くて長い ライン

塗り方動画

https://youtu.be/uRZdPoHLwUQ

1 ベースがしっかり乾いたら、筆に絵の具をたっぷり付ける

2 細くて長いラインは、力を入れず筆を滑らせる。途中で切れても気にせず、あとから描き足す

3 細くて短いラインは、力を入れず、筆の先だけ使って描く

4 太めのラインは、力を入れて押し出すように描く。徐々に細くするときは少しずつ力を抜く

5 点は、筆でも描けるが、竹串を使うと失敗がない。最後はトップコートで仕上げる

バリエーション

1 ベースがしっかり乾いたら、筆に絵の具を付ける

2 徐々に細くなるラインを描きたいときは、最初に力を入れて、少しずつ力を抜いていく

3 繊細で細いラインを描くときは、筆をできるだけ立てると描きやすい

4 細くで長いラインを描きたいときは、筆を立てて、力を入れずに滑らせるように動かす

5 変化を付けたいときは、筆を寝かせて、力を入れる。最後はトップコートで仕上げる

アクリル絵の具と道具でできるデザイン

アクリル絵の具の特性を生かして、日常の道具を使ってできる技法をご紹介します。マニキュアと同じ技法もあれば、アクリル絵の具ならではの技法もあります。

スポンジ
（グラデーション）

マニキュアと同じやり方ですが、アクリルの絵の具の場合、濃淡をつけやすく速く乾くので、マニキュアより簡単にできます。

塗り方 ▶ P60　アクリル絵の具：白

⇓

バリエーション

スポンジでポンポンたたいたり（茶色）、左右にゆらしたり（紫）してぼかしたもの。

マスキングテープ＆スポンジ（斜めフレンチ）

アクリル絵の具はテープの中に流れ込みにくいので、マニキュアより失敗しません。はみ出したときは、除光液でオフしましょう。

塗り方 ▶ P60　アクリル絵の具：白

⇓

メイクチップ＆竹串

1枚1枚の花びらをメイクチップで、花芯を竹串でスタンプを押すように描きます。アクリル絵の具だからこそできる、簡単アートです。

塗り方 ▶ P61　マニキュア：白　アクリル絵の具：紫、水色

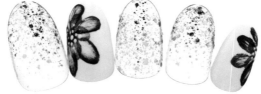

バリエーション

メイクチップの大きさや形次第で、さまざまな花を描くことができる。

メイクチップ＆スポンジ＆竹串

スポンジのグラデーション（P58・60）と、メイクチップ＆竹串（上）の組み合わせ。絵を描くのが苦手でも、スタンプ感覚で挑戦できます。

塗り方 ▶ P61　マニキュア：ピンク
アクリル絵の具：茶色、白、緑、黄色

バリエーション

花びらの濃さや花芯の大きさを変えるだけでさまざまな花が表現できる。

スポンジ（グラデーション）

塗り方動画

https://youtu.be/RMAH8pt100s

1

スポンジに直接アクリル絵の具を付ける

2

ポンポンとたたくように爪の先にのせる。最後にトップコートで仕上げる

マスキングテープ＆スポンジ（斜めフレンチ）

塗り方動画

https://youtu.be/PRnTaBHinG8

1

長さ2〜3cmほどで、マスキングテープをカットする

2

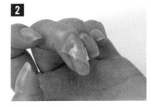

1を爪に斜めに貼る

3

スポンジに直接アクリル絵の具を付ける

4

ポンポンとたたくようにして、絵の具をのせていく

5

絵の具が足りなくなったら。途中でスポンジにアクリル絵の具を付ける

6

はみ出しても気にせず、まんべんなくたたいて色をしっかりのせる

7

全体に色がのったら、テープをはがす（マニキュアより速く乾く）

8

はみ出した部分は、除光液を含ませた綿棒でオフする

process

メイクチップ＆竹串

\ 塗り方動画 /

https://youtu.be/DX6VxGqCmXI

1 ベースカラーが乾いたら、アルミホイルに使う2色の絵の具を少量出しておく

2 チップに1色目の絵の具を付け、スタンプを押すように花びらを描く

3 **2**の上をなぞって、輪郭だけ残してグラデーションにする。同様に他の花びらも描く

4 チップの裏側に2色目の絵の具を付け、同じようにして他の花びらも描く

5 竹串の細い先に絵の具を付けて花芯を描き、トップコートで仕上げる

メイクチップ＆スポンジ＆竹串

\ 塗り方動画 /

https://youtu.be/9NEmzDptN8M

1 ベースが乾いたらアルミホイルに絵の具を出し、スポンジで茶色の絵の具を取る

2 スポンジでポンポンとたたくようにして、爪の先端と根元に絵の具をのせていく

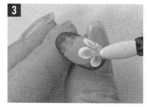

3 メイクチップに白の絵の具を付けて、花びらを1枚ずつ描く

4 チップの裏面に緑の絵の具を付けて葉を描き、そのまま茶色の絵の具を付けて花芯を描く

5 竹串の細い先端に絵の具を付けて花芯などに模様を足し、トップコートで仕上げる

process

61

マニキュアとアクリル絵の具でできるデザイン

マニキュアのベタ塗り＆アクリル絵の具のライン

マニキュアの付属のハケで、花びらを1枚ずつ描きます。ベタ塗りと同じ要領で、ひと塗りで。アクリル絵の具でラインを足していくことで、モチーフが生き生きとします。

塗り方 ▶ P64
マニキュア：白、紫、ピンク、ラメゴールド
アクリル絵の具：黒

バリエーション

モチーフは描かず、ランダムに色をのせ、アクリル絵の具でライン取りしたもの。

塗り方 ▶ P64　マニキュア：白、シルバー、紫、ペールグリーン
アクリル絵の具：黒

バリエーション

同じ手法で、紫のかわりにパステルのやわらかな色で、丸みを意識して作ったもの。

ライン取りや、繊細な絵柄はアクリル絵の具が向いていますが、持ちや発色がいいのはマニキュアです。両方の良さを生かした、組み合わせのデザインをご紹介します。

バリエーション

同じ手法で、紫の代わりにオレンジなど暖色を使い、ラインも曲線を意識したもの。

バリエーション

同じ手法で、モチーフをはっきりと描き、ラインでしっかりと縁取りしたもの。

バリエーション

同じ手法で、抽象的にモチーフを描き、筆と竹串でライン取りしたもの。

マニキュアのベタ塗り＆アクリル絵の具のライン

塗り方動画

https://youtu.be/oZxVrLPWgqg

1

ベースが乾いたら、花びらを描く。ベタ塗りの要領で付属のハケを極力寝かせて描く

2

2色目も同様に、ハケで**1**の花びらの間を埋めるように描く

3

全部で5〜6枚花びらを描いて、花の輪郭を仕上げる

4

アクリル絵の具を準備して、筆で、あえて花びらからずらして、ライン取りしていく

5

ラメゴールドで、花びらの中央に花芯を描き、トップコートで仕上げる

バリエーション

1

ベースカラーが乾いたら、ベタ塗りの要領で付属のハケで緑のマニキュアをのせる

2

付属のハケで、紫のマニキュアを、ベタ塗りの要領で、線を引くように長めにのせる

3

付属のハケで、シルバーのマニキュアを紫の横にのせる

4

アクリル絵の具をアルミホイルに出して準備する

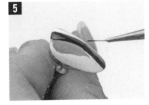

5

シルバーを縁取るように、ラインを自由に引いていき、トップコートで仕上げる

chapter 4

幸運を呼ぶモチーフ

ラッキーモチーフ、模様や柄の意味

Motif スペード

トランプのスペードはもともと剣が由来で、騎士や軍人などを意味します。
力強さの象徴ですので、プレゼンやコンテストなど勝負ごとにパワーをくれるモチーフ。
占星術の世界では、風の星座＝天秤座、水瓶座、双子座に縁が深いと言われています。

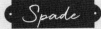

ポイント柄

スペードのパーツもたくさん市販されていますが、
このデザインは、ハートのパーツを逆にして、
三角のパーツを組み合わせて作っています。足の
あるモチーフは、爪の根元に置くと、安定します。

技 法 ▶ パーツ(P43・45)

総柄

スペードはモチーフ自体を大きく描いて、中に模
様を描き入れることがよくあります。これは、カー
ドゲームの際、強いカードだったため、イカサマ
目的で簡単に模造できないようにするためだった
と言われています。

技 法 ▶ アクリル絵の具・竹串(P54)

大柄

爪全体をカードに見立てています。ゲームにもよ
りますが、スペードのエースは古くから最強のカー
ドと言われてきました。勝負運をつかみたいとき
は、モチーフとして爪に描くと、運が味方をして
くれるかもしれません。

技 法 ▶ アクリル絵の具

Motif ハート

ハートは世界最古のモチーフと言われ、名前のとおり、心や愛情を表しています。
占星術の世界では、水の星座＝蟹座、蠍座、魚座に縁が深いと言われています。
日本の寺社建築に多くみられる猪目（いのめ）と呼ばれるハートの形は、魔除けの意味があります。

Heart

ポイント柄

ハートのパーツを8つの玉でつないでいます。8
という数字は日本でも「末広がり」と言われます
が、8には繁栄の意味があります。横にすると∞
無限になることから、愛情運だけでなく、結婚運
アップにもおすすめです。

技 法 ▶ パーツ（P43・45）

総柄

同じモチーフを同じ大きさでたくさん並べると、
ポップな印象になります。いろいろな方向を向い
ていますが、向きを一定方向にすると、よりポッ
プになります。モチーフの意味より、デザインを
楽しみたい方におすすめ。

技 法 ▶ アクリル絵の具

大柄

大柄の場合、ハートは2つ描くとデザインが安定
します。1つだと空間が寂しくなりがちですが、
2つあると、バランスがよくなります。2つなら、
重ねても、くっ付けても、不思議とうまくまとま
ります。

技 法 ▶ アクリル絵の具・長いライン（P55・56）

Motif クローバー

トランプのクラブは、ゴルフクラブなど、棒状の道具が由来で、知性や仕事の意味があります。
占星術の世界では、火の星座＝牡羊座、獅子座、射手座に縁が深いと言われています。
トランプのクラブは三つ葉ですが、ここでは幸運のモチーフとして有名な四つ葉を描いています。

ポイント柄

クローバーの中でも葉がハート形なのはカタバミ
草で、四つ葉の発生率は1万分の1と希少なため
幸運のシンボルと言われています。3枚の葉には
それぞれ信仰、希望、愛情という意味があり、4
枚目に幸福という意味があります。

技 法 ▶ 技法　アクリル絵の具・竹串（P 54）

総柄

同じモチーフを同じ大きさでたくさん並べると
ポップな印象になりますが、大きさを変えて並べ
ると、エレガントな印象になります。植物の場合
茎まで描くと、ラインが加わることで動きが出ま
す。

技 法 ▶ アクリル絵の具・竹串（P 54）

大柄

シンプルな曲線のモチーフは、大柄にするとまと
まりにくいので、2つ重ねたり、細部を描き込む
とデザインがまとまります。細部は大体ドットと
ラインで表現できます。竹串の太いほうと細いほ
うを使えば簡単に描けます。

技 法 ▶ アクリル絵の具・竹串（P 50・52）

Motif ダイヤ

トランプのダイヤにはお金の意味があります。英語では diamond と綴り、宝石のダイヤモンドと同じです。
ダイヤは日本では菱形と呼ばれ、桃の節句の菱餅でもわかるように、繁栄のシンボルとされています。
占星術の世界では、地の星座＝牡牛座、乙女座、山羊座に縁が深いと言われています。

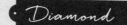

ポイント柄

3つのダイヤのパーツを組み合わせて、爪の中央
に置いています。ダイヤモンドの3つ重ねも、ト
リロジーダイヤと呼ばれ、人気です。3つは過去・
現在・未来を表し、3つそろうことで永遠を象徴
すると言われるています。

技 法 ▶ パーツ（P43・45）

総柄

直線のモチーフの場合、向きをそろえて並べると
固い印象になります。向きをそろえず、ランダム
な余白をつくることで、やわらかな印象になりま
す。菱形を正方形に近づけて直線を短くするほど
ポップになります。

技 法 ▶ アクリル絵の具

大柄

三角を二つ重ねて大きなダイヤにしています。上
向きの三角はパワーや男性を意味し、下向きの三
角は潜在能力や女性を意味します。二つ合わせる
ことで、能力の開花による繁栄、恋愛成就などの
意味もあります。

技 法 ▶ パーツ（P43・45）

Motif 月

月は、神話の時代から女神と結び付けられ、優しさや母性の象徴とされてきました。
また、新月から満月まで、時間とともに姿を変えていくことから、変化や成長のシンボルとも言われてきました。
これから満ちていく上弦の月（向かって右半分の月）は、特に縁起がよいとされています。

Moon

ポイント柄

こうふうせいげつ
光風霽月とは、安定した心の状態を、雲一つない
空に浮かぶ月に例えた言葉です。爪を空に見立て
るなら、根元に月を描くと、昇り始めの月になり
ます。これから昇る一方の地平に顔を出したばか
りの月は幸運の象徴です。

技 法 ▶ アクリル絵の具

総柄

上弦の月が増えていくものを象徴する一方で、下
弦の月は減っていくものを象徴します。ダイエッ
トをしたい人には、下弦の月がおすすめ。増えて
ほしいもの、減ってほしいもの両方の願いをバラ
ンスよく織り交ぜたデザイン。

技 法 ▶ アクリル絵の具

大柄

キラキラ光るストーンやパーツを、大小取り混ぜ
て、上弦の月の形に並べたモザイクアートです。
ちなみに、モザイクという言葉も、古代ギリシア
神話の mousai（ムーサイ）という女神が語源です。

技 法 ▶ パーツ（P43・45）

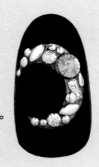

Motif 太陽

太陽は、太古の時代から世界中で、太陽神として信仰されてきました。日本の天照大御神も太陽神です。その意味は、すべての生命の源であり、災厄も退ける強靱なエネルギー、すべてを受け入れる度量です。太陽のモチーフを身に付けていれば、絶大なパワーを味方にできそうです。

ポイント柄

太陽をモチーフにしたパーツは各種販売されていますが圧倒的にゴールドが多いです。大きめのパーツは、爪の先端より、中央か根元に置いたほうが長持ちしますが、太陽のモチーフは、中心に置くとバランスがよくなります。

技 法 ・ パーツ（P43・45）

総柄

全体にモチーフを描く場合も、太陽は常に姿を変えず、唯一無二の存在なので、いくつも描くより、1つがよいと思います。太陽はできる限り大きくして、光冠を長くのばし、陽光のきらめきを点で表しました。

技 法 アクリル絵の具・竹串（P 50・52）

大柄

太陽の中心を渦巻きにしました。渦巻きは、木の年輪、台風、惑星の自転など、自然の強大なエネルギーをイメージすることから、ラッキーモチーフとされています。中心に渦巻きを入れることでよりパワフルな太陽になります。

技 法 アクリル絵の具・長いライン（P55・56）

Motif ツタ

ツタの原型は唐草です。唐草模様は、神話の時代から、永遠の象徴とされてきました。
常に青々と茂り、枯れることなく絡み合って長くのびていくことから、つながりや縁を意味します。
日本で風呂敷などによく見る唐草模様は長寿や繁栄を意味する吉祥紋として有名です。

ポイント柄

ポイントとして描く場合、ツタは短めになりますが、代わりにツタの実をイメージして、ストーンと点を入れました。実がなるツタで幸運の象徴とされている植物の代表は葡萄で、子宝、子孫繁栄などの意味があります。

技 法 ▶ パーツ(P43・45)
アクリル絵の具・長いライン((P55・56)

総柄

全体にツタが生い茂る、見るからに縁起のよいデザインです。モチーフに実と渦巻きを足すことで、繁栄とパワーの意味が加わります。一定の方向に向けず、異なる方向にツタを描くことで、デザインが安定します。

技 法 ▶ アクリル絵の具・長いライン(P55・56)

大柄

下から上に向かってのびている1本のツタです。ツタを太くして、力強さを強調し、実と渦巻きを足しています。描くときの筆使いは、太くて力強い線は筆を寝かせて、細くて繊細な線は筆を立てて描くとうまくいきます。

技 法 ▶ アクリル絵の具・長いライン(P55・56)

Motif リーフ

リーフや花など、植物を描いたモチーフは、ツタの原型である唐草が起源です。
唐草に描かれたものから派生して独立した模様になったと考えられています。
リーフは、青々とみずみずしい姿から、若さ、希望、再生や復活の象徴とされています。

ポイント柄

小さく描く場合でも、葉は2枚あったほうが絵に
なります。リーフのパーツに、みずみずしいきら
めきをイメージして、ストーンをプラスしました。
地面から芽生えてどんどん成長する若芽になぞら
えて根元に置いています。

技 法 ▶ パーツ（P43・45）

総柄

全体に葉が生い茂る、若いエネルギーがあふれる
様子をイメージしています。デザインに動きを出
すために、みずみずしさを表す点をプラスして、
リーフに大小をつけて、さまざまな方向に描いて
います。

技 法 ▶ アクリル絵の具・長いライン（P55・56）

大柄

リーフ自体、葉の丸みと先のとがった鋭角が、優
しさと活発さを兼ね備えています。葉の向きも上
向きと下向き両方描くことで、バランスがよくな
ります。また、エネルギーを運ぶ葉脈を描くこと
で生命力を強調できます。

技 法 ▶ アクリル絵の具

Motif 花

リーフや花など、植物を描いたモチーフは、ツタの原型である唐草が起源です。
ツタの永遠、リーフの若さにプラスして、愛情や幸福といった意味があります。
花の種類や色にもよりますが、花びらが5枚の花は、「地上の星」と呼ばれ、魔除けの意味があります。

Flower

ポイント柄

星は五角形に描くのが定番ですが、人間の指も5本です。五臓六腑（ごぞうろっぷ）、五穀豊穣（ごこくほうじょう）という言葉があるように、5は自然の理を象徴する数字と言われています。空にある星をイメージして爪の先端に置きました。

技 法 ▶ パーツ（P43・45）

総柄

小花柄は特に愛情運アップに効果があると言われています。あえて花芯を描かず、同じ大きさで、同じ形の花を同じ向きで並べることで、ポップな印象になります。深い意味よりデザインを楽しみたい方におすすめ。

技 法 ▶ アクリル絵の具

大柄

大柄の場合、アクリル絵の具を使うと細部まで描き込めます。梅、桃、桜、椿、クリスマスローズなど、花びら5枚の花には縁起がいい花が多くあります。花びらの先が丸なら梅、とがらせれば桃、二又にすれば桜です。

技 法 ▶ アクリル絵の具・長いライン（P55・56）
　　　　　竹串（P 50・52）

Motif 蝶

厳しい冬が終わり、春先になると舞う蝶は、世界中で、ラッキーモチーフとして愛されています。
幼虫から蛹を経て、もとの姿からは想像できないほど美しく孵化することから、成長や変容の象徴とされ、
待っていた吉報を運んでくれるもの、長年の努力が結実する兆しと言われています。

·Butterfly·

ポイント柄

上昇していく様子と、変化の軌跡を7つの点で表
しています。ラッキー7と言われますが、7は旧
約聖書で神様が世界を創造するのに7日かかった
ことから、西洋では完成の意味を込めて7は幸運
の数とされています。

技法 アクリル絵の具・竹串（P 50・52）

総柄

蝶を複数描く場合は2匹がおすすめです。蝶が番
で飛ぶ姿がたまに見られますが、日本では2匹の
蝶が向かいあった「向い蝶」という紋様があり、
平安時代から礼服の紋様に用いられ、健康、長寿
の象徴とされています。

技法 アクリル絵の具・竹串（P 50・52）

大柄

ライン取りだけで、描いた蝶です。蝶の羽の複雑
な模様は、写真のようにモノトーンでラインだけ
で描いてもよいですが、好きな色のマニキュアを
ベタ塗りして、上からアクリル絵の具で縁取れば、
カラフルな蝶になります。（P62・64）

技法 アクリル絵の具・長いライン（P55・56）

Motif 円

円は、終わりも始まりもなく、どこまでも途切れなく続く1つの線でできています。
このことが、森羅万象の循環するエネルギーや、輪廻転生など永遠のサイクルを意味します。
また、円満、円熟、円滑などの言葉があるように、成長の果ての穏やかな到達点を象徴しています。

Circle

ポイント柄

大きさを変えた7つの円です。円は再生を繰り返す永遠のサイクルを、大小描くことで変化と成長を、7つにすることで努力の結実を、根元に描くことで、さらなる上昇を表しています。

技 法 ▶ アクリル絵の具・竹串（P 50・52）

総柄

ドットは世界中で長年愛されてきたデザインで、大きさによって、ピンドット（小）、ポルカドット（中）、コインドット（大）と名称があります。大小織り交ぜたドットはバブルドットと呼ばれ、一番現代的なドットです。

技 法 ▶ アクリル絵の具

大柄

歯車をイメージした円です。車輪に代表されるように絶え間なく回り続けて、動力としてさまざまなものを運ぶ歯車は、運命の象徴とも言われて、歯車が生み出された紀元前から、幸運のモチーフとされていますます。

技 法 ▶ アクリル絵の具・竹串（P 50・52）

Motif 三角

ピラミッドの謎はすべて解明されたわけではありませんが、三角には特別なエネルギーが宿ると言われています。
キリスト教の三位一体、日本でも三種の神器など、3という数字は真理の象徴とされています。
三角は最高のバランスとも言われており、見ているだけで、心の安定と集中力をもたらしてくれます。

• Triangle *•*

ポイント柄

三角はパーツも各種販売されています。バランス
的には、上向きの三角を、頂点を爪の先端に合わ
せて置くのが一番よいと思いますが、取れやすく
なるので、シールやホログラムなど、素材を変え
てもよいでしょう。

技 法 ▶ パーツ（P43・45）

総柄

三角のモチーフは角が鋭角なので、ピンクや黄色、
パステルカラーなどを使っても、甘くなりすぎま
せん。直線でデザインしたいときはマスキングテー
プを使うと失敗しません。角を微妙にずらすと、
三角がいくつもできます。

技 法 ▶ アクリル絵の具・マスキングテープ（P58・
60）

大柄

大きな三角を爪の中央に描き、できた余白に線を
加えて、いくつか三角を描き足しています。上向
きの三角はパワーや権力など男性的な力を、下向
きの三角は潜在能力や地に根差した安定など女性
的な力を意味します。

技 法 ▶ アクリル絵の具・マスキングテープ（P58・60）

Motif 四角

4つの直線から成り立つ四角は、すべてのモチーフの中で最も完全に近い形と言われています。
火、風、土、地の四元素、体を構成する両手両足の四肢、東西南北、春夏秋冬など4で成り立っています。
日本では、異物の侵入を防ぐ結界の形であると同時に、縁の入口である窓の形でもあります。

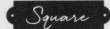

ポイント柄

長方形のパーツを縦長に付けています。ジュエリーの長方形のカットはバゲットカットと呼ばれて人気がありますが、縦長の長方形は指が長く見えること、角があるデザインが知性を感じさせることなどが人気の理由です。

技 法 ▶ パーツ（P43・45）

総柄

四角がたくさん置かれた柄は、スクエアドットとよばれます。円のドットに比べて、角がある分、女性らしい色でデザインしても甘さがおさえられます。四角の大きさや向きを変えると、動きが出て洗練された印象になります。

技 法 ▶ パーツ（P43・45）

大柄

シンプルにブロッキングしただけなので、色の組み合わせ方によって、多様に変化できるデザインです。モノトーンだとシックな印象になりますが、どんな色にしても、角と直線があるので知的にまとまります。

技 法 ▶ アクリル絵の具・マスキングテープ（P58・60）

Motif 馬蹄

西洋で人気のラッキーアイテムに馬蹄（ホースシュー）があります。
馬の足の蹄を危険から護るために施した蹄鉄が由来で、魔除けと開運の意味があります。
正しい向きは諸説ありますが、上向きだと幸運をため、下向きだと不運を流す、と言われています。

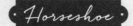

ポイント柄

9つの小さなパーツを組み合わせて、馬蹄の形を
象っています。9は一桁の数字の最後に来る数字
で完成を意味しています。日本でも、太陽を九陽
と呼びますが、中国でも永久の「久」と書き、縁
起のよい数字とされています。

技 法 ▸ パーツ(P43・45)

総柄

小さなパーツは馬蹄形に並べ、大きめのストーン
をランダムに並べました。輝きは、災厄を跳ね除
けると言われ、魔除けの効果があります。上向き
の馬蹄は幸運をためると言われますので、両方で、
厄除開運になります。

技 法 ▸ パーツ(P43・45)

大柄

馬の蹄を補強するのと同じように、市販されてい
る大きなパーツを爪のカーブに合わせて配置しま
した。爪の補強効果ももちろんありますが、降り
かかる災厄を跳ね除ける魔除けの効果も期待でき
ます。

技 法 ▸ パーツ(P43・45)

Motif その他

これまでご紹介した以外にも、ラッキーモチーフは、洋の東西を問わず、たくさんあります。
市販のパーツを購入して貼るだけでも、その意味を知っていれば、
爪を見る度に気分があがり、パフォーマンスが向上して、願いも叶いやすくなるはずです。

Others

ヒトデ

花が地上の星なら、ヒトデは海の星と言われています。星と同じく、魔除けの意味があります。

羽根

羽根は空を飛ぶための道具。飛躍や上昇の象徴で、本来持っている能力を開花させてくれるモチーフです。

トカゲ

日本では家の守り神としてヤモリが有名。尻尾を切っても再生するため、順応、不滅の象徴とされています。

星

流れ星に願い事を唱えると叶う、とは有名ですが、星の輝きは、災厄を跳ね返すと言われています。

しずく

水が落ちるときの形。恵みの雨の意味と、水はどんな形にも変化できることから変容・成長の象徴です。

クラウン

王が身に付ける権力の象徴が王冠。成功、勝利、豊かさなど、あらゆる繁栄をもたらすラッキーモチーフ。

リボン

長いもの、ゆれるものは縁を引き寄せると言われ、さらに結ぶことから、絆を結ぶものとされています。

猫

招き猫が商売繁盛を示すように、昔から、幸運を運んできてくれるものとされています。

椰子の木

椰子の木は、幹、葉、実、花、すべてが使えることから命の木と呼ばれ、守護、家族愛の意味があります。

モンステラ

モンステラという名前には「湧き出る水」という意味があり、金運や繁栄の象徴とされています。

chapter 5

ネイル豆知識 100

保存法、テクニック、暮らし方、その他

爪って
そもそも
どんなもの？

001　爪は
1日0.1mmのびる

個人差はありますが、爪がのびる平均速度は1日0.1mmと言われています。10日で約1mm、1カ月切らずにいると3mmのびる計算になります。普段はショートネイルの方も、ひと月のばすと、ロングネイルが楽しめます。ちなみに1枚の爪すべてが生え変わるのには、大体半年かかります。

002　爪ののびる速度は
季節や年齢で変わる

爪ののびる速度は、年齢によって異なります。幼児期から徐々に成長速度が速くなり、20歳まで速くなり続けますが、加齢とともに新陳代謝が衰えるため、遅くなっていきます。ちなみに、夏より冬のほうがのびは遅いと言われており、これも季節による新陳代謝の違いからくるものです。

003　利き手の人差指、
中指は速くのびる！

指によって爪ののびる速度は異なります。一般的に、利き手のほうがのびるのが速く、中でもよく使う人差指と中指は速くのびると言われています。それを踏まえて、爪をカットするときは、人差指と中指は短めに、薬指や小指は長めにカットすると、全体の爪をバランスよく保てます。

004　爪の厚さは
皮膚の厚さと比例する

爪は皮膚が角質化したものです。皮膚の特質と爪の特質は、似通っており、皮膚の薄い方は爪も薄くて弱い傾向があります。爪が割れたり2枚爪になったりしやすい方は、ベースコートを選ぶときに、爪強化タイプを選びましょう。保湿効果のあるものや、繊維成分の入ったものもあります。

005　甘皮は
お風呂でケア

爪がしっかりと強い方は、皮膚も厚く、甘皮も成長しやすい傾向があります。甘皮の処理は、失敗すると傷になりやすいので、できるだけサロンでの手入れをおすすめしますが、成長しやすい方は、お風呂の中で甘皮がふやけたときに、爪の根元をやさしく押しあげるようにして、ケアしましょう（P11参照）。

006　地爪の色は
千差万別

もともとの爪の色は人それぞれに異なります。リップを選ぶときも、ご自身の唇の色に合わせて選ぶと思いますが、ネイルも同じです。爪の赤みが強い方は、薄い色のマニキュアを塗るとピンクがかった色になりますし、黄色みが強い方は黄みがかった色になります。

007　肌の色別、
おすすめの色

肌の色で似合うネイルの色がわかります。肌の黄色みが強い方は、ベージュやサーモンピンク、カーキ、ブラウン、くすんだ赤などが似合います。赤みが強い方は、ピンク系や、シアー系、ビビッドな赤、ブルーなどが似合います。ご自身で確認してぜひ試してみてください。

爪から始める
ヘルスアップ
アイデア

008 — 爪は健康のバロメーター

お客様の爪を拝見していると、その方の健康状態がすぐにわかります。お疲れ気味の方は爪が不健康になりますし、逆にプロテインをとって筋トレしてらっしゃる方の爪はすばらしく健康的です。爪を見てセルフチェックをすることで、暮らしを整えるきっかけにもなります。

009 — 反った爪は鉄分不足

プロのネイリストの間では、「スプーンネイル」と呼びますが、通常指に沿ってカーブを描いている爪が、逆向きに反ってしまう方がいらっしゃいます。サロンでは施術で治すこともできますが、これは鉄分不足が原因ですので、食事でレバーや赤身の肉、ほうれんそうなどを摂ると改善できます。

010 — 二枚爪はたんぱく質不足

過度なダイエットや、食生活が乱れている方によく見るのが二枚爪。二枚爪の方は大体、髪も傷んでいます。爪はもともと三層構造で、層がしっかり結合して爪の強度を保っています。これが、たんぱく質が不足すると、間に隙間ができてはがれてしまいます。肉や魚を摂ることで解消できます。

011 — 根元の凹みはストレスと過労

爪の根元に凹みができたことはありませんか？　爪の根元には、爪を生み出す爪母（そうぼ）という部分がありますが、ストレスや過労があると、血流が悪くなることで、一時的に働きが弱くなり、通常より薄い爪がつくられるため凹みになります。この凹みは半年ほど待てば生え変わります。

012 — 白い部分がないのは問題ない

爪の根元の白い半月の部分は「爪半月」と言います。これがないのは「病気のサイン」と信じている方も多いですが、人によって異なるという説が一般的です。この半月は、爪母から生まれたばかりの爪の赤ちゃんの部分で、おもに水分です。爪母の位置が下にある方は半月が見えなくなります。

013 — 縦線が増える原因は加齢

爪も年齢とともに変化します。肌が、年齢とともに乾燥したりしわになったりするのと同じように、爪も加齢により乾燥して割れやすくなったり、縦線が増えたりします。肌のお手入れのポイントが保湿であるのと同じように、爪のお手入れのポイントも保湿です。

014 — 爪の色が変わるのも加齢が原因

唇の色が年齢とともに薄くなっていくのと同じように、爪の色も赤みが少なくなっていきます。中には透明感がなくなったり、白っぽくなったりする方もいらっしゃいますが、特に問題はありません。ただ、そのままでは不健康に見えるので、マニキュアで整えるときれいに見えます。

爪と指先を美しく保つためのお手入れ

018 ささくれはハサミでカットする

ささくれは親不孝といいますが（笑）、原因は、寒さや疲労からくる乾燥です。見つけたら決して手で取ろうとせず、ハサミでカットしてください（手で取ると痛々しくなってしまい美しくありません）。そして、ハンドクリームでたっぷり保湿してあげると、再発を防げます。

015 キューティクルオイルは必需品

「爪をきれいに保つために一番大事なことは？」と訊かれたら、真っ先に「キューティクルオイル」と答えます。ハンドクリームだけでは、指先の固い部分の保湿には不十分なので、できるだけ毎日寝る前に、ハンドクリームとキューティクルオイルを塗ることをおすすめしています。

019 基本は爪の先と根元を整えること

ネイルのお手入れは次の4つです。
①爪の長さを整える（020 〜 023 参照）
②爪の甘皮を整える（P11 参照）
③爪の表面を整える（024 参照）
④爪の形を整える（025 〜 029 参照）
中でも①と②の先と根元を整えることが、美しく保つポイントです。

016 キューティクルオイルは持ち歩く

最近は、ボトル入りのもの以外にも、チューブタイプなど、スリムなものがいろいろあります。持ち歩いて、気付いたときに爪の根元に塗ると、美しい爪が保てます。

020 清潔感のある長さの目安

清潔感が感じられる美しい爪の長さは、フリーエッジ（爪の先の白い部分）が 2mm から 5mm と言われています。人によってイエローライン（フリーエッジのスタートライン）が下にある方もいますが、5mm以上は日常生活に支障がありますし、これ以上のばしても折れてしまいます。

017 ハレの日こそキューティクルオイル

結婚式や卒業式など、一生モノの写真を撮るとき、手元の美しさをもっと気にしてほしいと常日ごろから思っています。手がきれいだと、全体の印象がよくなります。撮影の直前にキューティクルオイルを塗って、手の印象をアップさせてください。気分もあがって表情もよくなるはずです。

021 鷲爪の方は適度な長さに保つ

特に人差指と中指に多いのですが、爪のふくらみが豊かなため、のばすと下に向かってのびてしまう「鷲爪」の方がいらっしゃいます。のばすと引っかかって危険なので、サロンでは施術しますが、セルフネイルの場合はひっかからない程度にのばしてください。マニキュアで補強するのはよいことです。

022 指によって フリーエッジを調整する

誰でも右手と左手では爪の大きさが異なります。利き手のほうが大きいので、爪全体の大きさが同じになるようにフリーエッジで調整すると、デザインが安定します。同じことが5本の指にも言えます。手のひら側から見て、5本の爪の先が同じくらい見えるように調整しましょう。

023 中指は特に 亀裂が入りやすい

すべての爪が均一の長さになるように、調整すると美しく見えますが、特に爪が割れやすい方は中指に注意してください。一番長い中指は、日常生活の中で先がいろいろな場所に当たるので、亀裂が入りやすく、こまめな手入れが必要です。最初から短めにしておくのもひとつの手です。

024 表面の整え方は 爪の厚さと要相談

表面の凹凸がなくなると、爪がつるんとして、若々しくなり、マニキュアものりやすくなります。ただ、もともと爪が薄い方は、表面を磨くと薄くなりすぎてしまう方もいます。皮膚が薄い方、お風呂に入ると爪が平らになってしまうような方は、表面を磨くのは控えてください。

025 爪の形の整え方① スクエア

四角くなるように、直線を意識しながらヤスリをかけます。爪を割れにくくしたい、しっかりデザインを見せたい方におすすめですが、角が引っかかりやすいのが難点です。

026 爪の形の整え方② スクエアオフ

スクエアにしたあと、角を丸く落としたもの。スクエアの強度や長さをそのままに、引っかかりやすい角を落とすので一挙両得。スタイリッシュな印象になります。

027 爪の形の整え方③ ラウンド

指の形に沿うように、丸くヤスリをかけてつくります。どんなデザインにも合わせやすい形ですが、特に、ショートネイルや、1色塗り、かわいらしいデザインに合います。

028 爪の形の整え方④ オーバル

ラウンドのサイドにさらにヤスリをかけて、縦長にした形。縦長になった分、少し割れやすくなりますが、爪がスラリと長く見えます。セルフネイラーには一番おすすめです。

029 爪の形の整え方④ ポイント/アーモンド

オーバルをさらにとがらせた形です。形が似ていることから、アーモンドとも呼ばれます。指は長く見えますが、先がとがっているので、割れやすくく、事務職の方には向きません。

爪を
長くのばす
メリット

033 深爪や爪が割れるのを解消できる

爪をのばすと、こまめにヤスリで爪の先端を整えることになります。爪切りは使わなくなります。爪切りで爪を切ると、深爪になったり、パチンと切ったときの衝撃で、二枚爪になったりすることがあります。ヤスリで整えれば深爪や二枚爪にはなりにくくなります。

030 爪が長いと指が長く見える

爪が長いと指が細く、長く見えます。また、マニキュアを塗るとさらに長く見えます。長さが強調されるのは以下の4点。
①オーバルやポイントの形に整える
②肌なじみのいい色を選ぶ
③縦ラインや斜めフレンチのデザイン
④パーツを置くなら指先に置く

031 爪が長いと仕草が女性らしくなる

爪が短いと何も障害がないため、ガサツな動きになることがありますが、爪が長く、かつ美しくマニキュアを施してあると、どうしても動きが穏やかになります。また、指の先を使わず、腹を使うようになるので、指先がのびてさらに指が長く見えるようになります。

032 ネイルベッドは育てられる

深爪を続けると、ネイルベッド（爪のピンク色の部分）はどんどん短くなりますが、爪をのばすと、ネイルベッドは成長して、長くなっていきます。ネイルベッドを育てるには、やはり保湿が大事。そしてできれば爪切りを使わず、ヤスリでスクエアかオーバルに整えると、育ちやすくなります。

034 健康で丈夫な爪になる

爪と指の間の薄くて白い皮をハイポニキウムと言います。このハイポニキウムがよく育っていると、爪と指の間にホコリやゴミが入りにくくなり、ネイルベッドも育ちやすくなります。ハイポニキウムは爪を短くしてしまうと育ちませんが、爪をのばすと支えようとして成長していきます。

035 マニキュアを続けると爪が細くなる

マニキュアを長年塗り続けていると、爪が縦長で形が良くなると言われています。一般的なマニキュアは固める被膜材と、被膜材を溶かす溶剤、色を付ける色材の3つでできており、溶剤が揮発する際に被膜材が固まって乾きます。このときに、爪をきゅっと締める効果があると言われています。

036 爪が長いとデザインの幅が広がる

ショートネイルだとできるデザインが限られますが、爪がある程度長いと、さまざまなデザインに挑戦できます。また、同じデザインでも、長さの分、のびのびとデザインできるようになります。デザインが縦長にのびるほど、さらに指が長く見えるようになります。

ネイリストが
実践する
ロングネイルライフ

037 — 指の腹を使う

爪が長いと生活に支障が出るのでは？ と心配される方も多いですが、5mmぐらいまでなら、大方支障はありません。コツは指先を使うときは指の腹を使うようにすることです。爪は先端部分に衝撃が加わることで、割れたりマニキュアがはげたりします。指の腹を使えば、解消できます。

038 — いつも塗りたての
気持ちで過ごす

マニキュアを塗りたてのときは、爪が他のものに触れないように、気を付けて過ごしますよね？ それと同じように、普段から爪が何かに触れないように過ごせば、爪が割れることもマニキュアがはげることも防げます。あまり神経質にならず、できるだけ！ という気持ちが大切です。

039 — 頭を洗うときは
洗髪用ブラシを使う

マニキュアでセルフネイルをする方には、髪を洗うときは洗髪用のブラシをおすすめします。洗髪ブラシ、マッサージブラシなどの名称で100円ショップでも手に入りますし、ネット販売もされています。爪に負担がかからず、頭皮に傷が付くこともないので便利です。

040 — ゴム手袋はお友だち

私はゴム手袋を愛用しています。手が荒れる一番の原因は、お湯と洗剤です。また、擦ったり当たったりするのも、爪が割れたりマニキュアがはがれる原因になります。食器を洗うとき、お風呂掃除のとき、必ずゴム手袋をしています。

041 — 電気を点けるときは
指の関節を使う

暮らしの中で爪の先端がものに触れる機会は極力減らします。電気を点けるときは、指の関節で！

042 — クリームと取るときは
爪の表側で

爪と指の間に異物が入らないように、クリームを取るときは爪の表側で！

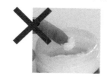

043 — はげてしまったときの
補修はラメで

粉のラメでも、ラメ入りのマニキュアでも大丈夫です。はげたところにポンポンとのせるだけで簡単に補修できます。

マニキュアを
買うときの
選び方

044 サンプルで チェックすべきはハケ

サンプルのキャップをあけてまず付属のハケをチェックしてください。長さはメーカーによって異なります。一般に、ハイブランドは1.5cm程度、プチプラは1.2～1.3cm程度が多いです。長いほうがしなるので塗りやすいですが、好みもあるので、自分に合うタイプを選んでください。

045 ハケの次は 濃度をチェック

メーカーによって濃度が異なります。サンプルがあれば、出して確認してください。サンプルなしで購入した場合も、塗る前にアルミホイルなどに出して、確認しましょう。

046 初心者に おすすめはラメ

マニキュアを塗るのが苦手な方や、慣れていない方におすすめなのはラメ。色ムラになりにくく、はみ出ても目立ちません。その上、アートにも使えて、はげたときの補修にも便利。1本持っていて損はありません。ポリッシュの色が透明なものを選べば、ベースカラーを邪魔しません。

047 シアーなものは あらがでにくい

シアーなもの（薄い色合いのもの、透明感のあるもの）は、はみ出しても見えにくく、ムラにもなりにくいので、あらが出ません。1色塗りにも、アートにもおすすめです。上品で女性らしい印象を与えるのでオフィスでもOK。爪が長く美しく見える効果もあります。

048 パール系は 意外に難しい

パール系は初心者向きと受け取られがちですが、実は濃いマット系より難易度が高く、特に難しいのが白パールです。きれいに塗るコツはたった1つ。通常3回にわける塗り方（P36～37参照）を、端から4～5回にわけて塗ること。ハケを爪に押し付けず、立ててなでるように塗りましょう。

049 一番難しいのは パステルと白

白が多くなるほど、色ムラが出やすくなります。マット系のパステルカラーは特に難易度が高いので、1色塗りの場合は、パール系と同じように（048参照）端から4～5回にわけて塗るとうまくいきます。できることなら、1色塗りより、アートに使うことをおすすめします。

050 プチプラと ハイブランドの違い

プチプラは100円、ハイブランドは5000円。値段の違いは　①発色　②濃度　③持ち　④塗りやすさ　と言われています。私の印象では、④は確かにハケの質など違いがあるように思いますが、最近はプチプラも品質が高くなっていますし、①や②は逆にデザインに活用しやすい場合もあります。

セルフネイルを するときの 準備

051 ─ 時間に余裕を持つ

しっかり乾かすことがマニキュアでは一番大事なことです。最近は速乾ネイルやネイル専用ドライヤーなど便利な時短グッズもありますが、しっかり乾かすためには、やはり時間が必要です。家事やトイレを済ませて、最低でも40分以上ネイルに集中できる時間を取ってから行ってください。

052 ─ 道具はすべて出しておく

マニキュアを塗り始めてから「あれがない！」ということはよくありますが、それで失敗してしまうのは、残念。道具をすべて手元に揃えてから始めましょう。

053 爪の向きは どちらでもよい

爪をどちらに向けて塗るか、よく質問を受けます。プロのネイリストは、根元を上にして、ご要望があれば、上下さかさまにモチーフを描くこともありますが、セルフでは至難の業なので、根元を下にしたほうが楽です。ただ、根元を上にしたほうが、キューティクルラインはきれいに塗れます。

054 意外に使える ペットボトル

上手にマニキュアを塗るポイントはしっかり固定することです。意外に使えるのがペットボトル。握るように蓋に指をのせると固定され、高さもちょうどよくなります。

055 ─ ハケを持つ手も 固定する

マニキュアを塗られる指だけでなく、塗るほうの手も固定すると、うまくできます。ひじをテーブルの上や端に固定するだけでももちろん大丈夫です。ぶらぶらしているより、ずっと塗りやすくなります。細い筆を使って細かな作業をするときほど、塗るほうの腕を固定するよう心がけてください。

056 ─ 利き手から始める

右が利き手なら、左手を使って、右手のネイルから先に始めます。利き手でないほうの手ではやりにくいですが、やりにくい方から始めたほうが、失敗しにくくなります。また、利き手でない手は、できるだけ固定して、塗られるほうの利き手を動かしてあげると、うまく行きます。

057 除光液は常に かたわらに置いておく

はみ出したときの対処法は、chapter 3で詳しくご紹介しています（P37参照）が、うっかり触れてしまって、ヨレたときは、指先にちょこっと除光液を付けて、ポンポンとヨレた所をたたきます。ヨレがおさまったら、トップコートをたっぷりめに塗るときれいになります。

失敗しない
ネイルデザインの
コツ

058 大人気の ナチュラルカラー

サロンでお客様に施術をしていると、多くの方が、ベージュや薄いピンクなどナチュラルカラーのネイルを希望されます。職場でも違和感がなく、みだしなみとして爪を整えたい場合や、清潔感を重視する場合、肌なじみのよいナチュラルカラーが一番しっくりきます。

059 アースカラーは おしゃれに見える

くすみ系のアースカラーはどんな色にも合わせやすく、なぜかおしゃれに見えるので、選ばれる方が多いです。ネイルアートに慣れてない方や、主張する色が苦手な方は、アースカラーから始めると、日常生活に違和感なく取り入れられると思います。「落ち着くな」と感じる色から始めるのが一番です。

060 ビビッドカラーを 使うコツ

いきなり原色の洋服を着るのは難しいですが、爪に原色はとり入れやすいと思います。面積が狭いのと、他の色と組み合わせてデザインに少し取り入れることもできます。（P19 参照）

061 ネイルと小物で コーディネートする

意外にも、ネイルはネイルだけで、全身のコーディネートを考えていない方が多いのですが、例えば、ネイルに3色使って、その1色を靴やバッグとそろえると、一気におしゃれ感がアップします。一番簡単なベタ塗り（P38・40 参照）でも、色合わせが楽しくなるので、ぜひ試してください。

062 モチーフや色で 季節感を出す

本来、人間は自然に触れることで、元気になれる生き物だと私は信じています。高級料理店にいくと、必ず一皿一皿に季節感があります。緑のない都会に住む方こそ、忙しくて景色を見る余裕のない方こそ、ネイルで季節感を感じていただけたらもっと暮らしが充実すると思います。

063 好きなものに出会ったら 写真を撮る

感動するものに出会ったときは、新しいデザインが生まれるチャンスです。コーヒーにミルクを入れたときのマーブル、老舗ブランドの食器、海に沈む夕日など、スマホに撮って色の組み合わせの参考にしています。偶然の産物や、伝統の色合わせ、自然界の色の組み合わせは参考になります。

064 キラキラは 開運効果がある

ホログラム、ストーン、ラメなど、キラキラはサロンでもセルフネイラーにも大人気です。光を反射してキラキラするアイテムは、きれいなだけでなく開運効果も抜群です。

065 — 余白を大事に

プロのネイリストの方も、セルフネイラーの方も、爪に隙間なくアートされる方が多いですが、余白も大事です。例えば、青や緑など、日本人の肌にはなじみにくい色を使う場合、キューティクルラインから少し離したり、地爪を所々見せたりしたほうが、バランスをとりやすくなります。

066 — 2本あきが最高のバランス

5本の爪のデザインをトータルで考えた場合、パーツやポイントとなるデザインをどの指に持ってくるか、迷う方も多いと聞きます。私は最高のバランスは2本あきだと考えています。親指＆薬指、または、人差指＆小指このどちらかのパターンをおすすめしています。

067 — アクセサリー感を出すなら薬指

アクセサリー感覚で1つだけパーツを付けるなら、薬指がおすすめ。立体パーツを付けても取れにくいという利点もあります。

068 — 主張したいなら人差指

英語でインデックスというくらいで、指し示すときなど、一番人の目に触れるのは人差指です。逆に仕事でネイルに制限がある方はNGです。

069 — モチーフや細かいアートなら親指

アートを施すスペースが一番広いのは、爪が大きい親指です。物をさし出すときなど、見てもらえる機会も多い指です。

070 — 長持ちさせるなら利き手と反対の薬指

とにかく長持ちさせたい！　ということなら、利き手と反対の薬指がよいでしょう。薬指は結婚指輪をする指ですが、通常は他の指より細く、アートを施すと一番きれいに見える指と言われています。もともとあまり使わない指なので、マニキュアもはげにくく、爪も割れにくい指です。

071 — 恋愛運をあげたいなら左手薬指

中国に古くから伝わる風水では、「縁は指先からやってくる」と言われ、右手にも左手にもそれぞれ意味があり、それぞれの指にも意味があると言います（P8参照）。恋愛運アップなら、左手薬指にピンク系、仕事運アップなら、右手人差指に赤系またはゴールド系のデザインがおすすめです。

072 — 総合的に判断を

デザインも、どこの指にアートをするとよいかも、人によって異なります。仕事、日常生活、好きな色、持っている洋服や小物の色、願い、利き手がどちらか、指の形状、季節……など総合的に判断して、あなただけの、素敵なデザインを選んでください。

爪に塗った マニキュアを 速く乾かす方法

073 — 速乾性の マニキュアを使う

最近は、多くのメーカーから速乾性のマニキュアが発売されています。お気に入りのブランドに速乾性がない場合は、トップコートだけでも速乾性にすると乾きがかなり速くなります。

074 — マニキュアは 薄く塗る

二度塗りをした場合、しっかり乾くまでの時間は 40 分とも 50 分とも言われます。重ね塗りをせず、1 回塗りで、そのままトップコートで仕上げると速く乾きます。その際、大事なことは、マニキュアをできるだけ厚く塗ること。厚くさっと塗ることで、色ムラなく仕上げられます。

075 — マニキュアは 冷蔵庫で保管する

マニキュアを冷蔵庫に入れておきましょう。冷やしたマニキュアは、爪との温度差で水分が速く蒸発するため、乾きやすくなります。つまり、爪の温度とマニキュアの温度差があるほうが速く乾きます。特に冬はマニキュアを塗る前にはできるだけ手を温めておきましょう。

076 — きちんと ベースコートを塗る

爪に凹凸があると、マニキュアを塗ったときにムラができます。ムラがあると、乾きにくくなるので、できるだけ、爪の凹凸をなくしてなめらかにしておくとよいでしょう。ベースコートを省く方は多いですが、爪の表面をなめらかにしてくれるので、ベースコートを塗ると乾きも速くなります。

077 — 冷水で冷やす

わざわざ何か買わなくてもできるのが水で冷やす方法です。昔ながらの有名な方法ですが確かに効果はあります。予めタオルを用意してから、マニキュアを塗ってください。水でヨレないようにすることと、タオルでふくときに擦らないようにすること、この 2 点を注意しましょう。

078 — 速乾スプレーを使う

「速乾スプレー」があると便利。爪から離して、全体にスプレーするだけで、乾きやすくなります。さまざまなメーカーから発売されており、ドラッグストアや 100 円ショップ、ネットショップなどでも購入できます。メーカーによっては、トリートメント成分が含まれているものもあります。

079 — ネイル乾燥機や ドライヤーを使う

マニキュア専用の「ネイル乾燥機」も売られています。スイッチを入れると冷風が出てくるものですが、タイマー付き、ライト付きなどさまざまあり、500 円前後から購入できます。ただこれは、ドライヤーの冷風と効果は同じなので、ドライヤーでも代用できます。

爪に塗った マニキュアを 長持ちさせる方法

080 — 持ちのよい マニキュアを選ぶ

塗り方、デザインなどである程度カバーできますが、そもそも、マニキュアのポリッシュ自体にも多少の差もあります。OPIなど速乾性のラインを販売しているメーカーもあります。プチプラネイルではNAIL HOLIC（ネイルホリック）、ZOYA（ゾーヤ）などが持ちがよいという印象があります。

081 — ベースコートを省かない

ベースコートを省いてしまう方も多いですが、長持ちさせるためには、ベースコートは必ず塗ることをおすすめします。ベースコートは、爪のでこぼこを整え、表面をなめらかにするほか、マニキュアとの密着度を高める役割があります。ポイントはポリッシュをのせ過ぎず、薄くのばすことです。

082 — トップコートは 重ね塗りする

トップコートは、ベースコート以上に大切です。マニキュアを塗ったあとに、必ずトップコートで仕上げましょう。マニキュアだけより格段に持ちがよくなります。また、1～2日おきぐらいにトップコートだけ重ね塗りしていくと、1週間から10日はキープできます。

083 — マニキュアを 塗る前は手を洗う

簡単なことですが、マニキュアを塗る前に手を洗っておくだけで、持ちが大分変わります。汚れが取れるだけでなく、手の油分も取れるので、マニキュアがのりやすくなります。サロンでは、エタノールで爪の表面を拭きますが、自宅では、石けんをつけて手を洗うだけけでも充分です（P12参照）。

084 — 先端部分を塗ることが 一番大事！

爪に塗ったマニキュアは、先端からはがれていくので先端（エッジ）をしっかり塗ることが一番大事です。全体を塗ってから、最後に爪の厚みを確認するように塗りましょう。

085 — 爪がのびても 大丈夫なデザイン

根元までしっかり色をのせず、キューティクルラインに空白をつくると、爪がある程度のびても、違和感がありません。

086 — 食器洗いと掃除には ゴム手袋を使う

マニキュアがはがれる原因は、爪の先に与える衝撃です。食器洗い、掃除は、一番危険です。こういった作業をするときは、必ずゴム手袋を使いましょう。キューティクルオイルやハンドクリームを塗ってから、ゴム手袋をすると、保湿効果も高まり、家事をしながら手や爪のケアができて一挙両得です。

マニキュアを
長持ちさせる
使い方・保管法

087 保存期間の目安は1年

前提として、マニキュアは開封した瞬間から
劣化していきます。ふたを開けて使うたびに
劣化すると思ってください。マニキュアには
食品のように消費期限はありませんが、使い
切る大体の目安は開封してから約1年と思っ
てください。私はしっかり管理して、1年以
上使っています。

088 ボトルを握りしめない

マニキュアを劣化させる原因は、温めてしま
うことです。細かいことですが、マニキュア
を塗るときに、ボトルをぎゅっと握りしめて、
ハケをしごく方が多いですが、これも劣化の
原因になります。体温で温めてしまわないよ
うに、できるだけボトルに触れず、2本の指
で持つようにしましょう。

089 マニキュアを塗るときは
手早く塗る

マニキュアは、空気に触れると劣化して、ド
ロドロになってしまいます。ふたを開けてか
ら閉めるまでの時間を、できるだけ短縮でき
るようにしましょう。ハケもポリッシュも空
気に触れる時間が少なくなるように、さっと
開けてさっとしごいて、手早く塗ることが大
切です。

090 ボトルの口を
キッチンペーパーで拭う

劣化を防ぐためには、密閉度を高めることで
す。1回使うごとに、
キッチンペーパーで
ボトルの口を拭いま
しょう。コットンだ
と繊維が入ってしま
うのでNG。

091 ドロドロになったときは
薄め液

ドロドロになってしまったときは、市販の薄め
液で薄めることはできます。ただ、薄め液は、
入れたときはサラサラになりますが、一度入
れるとドロドロ化が加速します。限界まで薄
め液は使わずに、使い切ることをおすすめし
ます。なお、除光液は、薄め液のかわりには
なりませんので注意!

092 一番よくないのは
直射日光と加温

ネイルを保管する場所として一番よくない
のは窓辺と電化製品の近くです。直射日光
を当てると、ポリッシュはすぐにドロドロに
なってしまいます。また、テレビやステレオ、
パソコンなど熱を発する電化製品の上や近
くに置くことも同じです。日の当たる場所、
温度の高い場所は避けましょう。

093 一番適した保管場所は
冷蔵庫

低温で日の当たらない涼しい場所で保管する
と持ちがよくなります。クローゼットやドレッ
サーに保管している方も多いと思いますが、
一番手軽な保管場所は冷蔵庫です。最近は
マニキュア専用の収納ケースが100円ショッ
プなどで販売されているので、活用すると取
り出すときも便利です。

足の爪の整え方 & ペディキュア

094 足の爪がのびる スピードは手の半分～⅓

個人差はありますが、足の爪は、手の爪の半分〜⅓のスピードでのびます。手の爪がのびる平均速度は1日0.1mm。足はその半分の0.05mmです。10日で約0.5mm、1カ月切らずにいると1.5mmのびる計算になります。爪全体が生え変わるのには、約1年かかります。

095 足の爪も乾燥する

足の爪の周りが固くなったり、白っぽくなっている方をよく見かけますが、やはり、足も乾燥します。乾燥は美しさの大敵ですので、足の爪にもキューティクルオイルを塗ってケアしてください。足専用のキューティクルオイルもドラッグストアやネットショップで購入できます。

096 親指はスクエアカットがおすすめ

足の爪も、手の爪と同じように、ヤスリで形を整えます。親指は、巻き爪に悩む人が多いですが、スクエアにすると巻き爪になりにくくなります。

097 小指の爪に悩む人は多い

小指の爪が小さすぎることに悩んでいる方はたくさんいらっしゃいます。甘皮に埋もれているだけの場合もあり、サロンでは、施術で復活できることもありますが、セルフでは難しいので、お風呂あがりに、小指の爪のキューティクルラインをやさしくおさえる程度にケアするとよいでしょう。

098 ペディキュアの意味

最近日本ではペディキュアという言葉よりフットネイルという言葉が一般的です。ペディキュアというと、マニキュアを足に塗ることのように受け取られがちですが、海外でペディキュアというと、足のお手入れ全般を指します。海外ではサロンメニューも、足のお手入れ全般を指すペディキュアが一般的です。

099 手足のマニキュアのバランス

サロンでは、手はナチュラルカラー、足は真っ赤が一番人気です。確かに赤は、足がとてもきれいに見える色です。手足のデザインのバランスを気にする方はあまりいらっしゃいませんが、ある程度手と足のネイルデザインを合わせると、よりおしゃれになります。

100 ペディキュアのデザインのコツ

手のネイルは目に近い分、近くで見られることが多いですが、足は離れた所から見られるものなので、あまり細かく描き込んだデザインより、大柄でインパクトあるデザインのほうがよいと思います。色も、インパクト重視でビビッドカラーを使うことをおすすめします。

出井朋佳 （でい・ともか）OZネイルサロン＆スクール校長

1981年北海道旭川生まれ。高校卒業後札幌のネイルスクールで学び、2000年よりネイリストとして活動を開始。2010年OZネイルサロン＆スクールを旭川に開業。2015年ネイルアートの国際大会「ネイルプロカップファイナル」のベテラン部門で優勝。その後も国内外の数々のネイルコンテストを制覇。OPI認定エデュケーター。日本ネイリスト協会本部認定講師、旭川理容美容専門学校ネイル講師を務める他、北海道内と東京青山のサロン＆スクールを3店舗運営。5歳から書道を学んだ経験から、筆から生まれる瞬間の点や線の美しさを利用した、和洋融合の作品を世界に発信。地元に根ざした活動と貢献を認められ2020旭川市文化奨励賞受賞。
OZネイルサロン　https://nail-oz.com/

装幀・デザイン／庭月野楓（モノストア）　撮影／杉山和行（講談社写真部）　動画編集／久保紫苑（講談社写真部）　音源／甘茶の音楽工房

不器用でもできる
マニキュアでネイルアート

2021年12月7日　第1刷発行

著　者	出井　朋佳
発行者	鈴木章一
発行所	株式会社 講談社 〒112-8001　東京都文京区音羽2-12-21 電話　03-5395-3606（販売）　03-5395-3615（業務）
編　集	株式会社講談社エディトリアル 代表　堺 公江 〒112-0013　東京都文京区音羽1-17-18 護国寺SIAビル6F 電話　03-5319-2171（編集部）
印刷	半七印刷株式会社
製本所	株式会社国宝社

KODANSHA